NAPLES

ET

LES NAPOLITAINS

BRUXELLES. — TYPOGRAPHIE DE VEUVE J. VAN BUGGENHOUDT.
Rue de Schaerbeek, 12.

NAPLES

ET LES

NAPOLITAINS

BRUXELLES

LIBRAIRIE UNIVERSELLLE DE J. ROZEZ

87, Rue de la Madeleine, 87

1859

Encore un livre sur l'Italie! J'entends déjà cette terrible phrase prononcée de l'air dont on disait jadis

Qui nous délivrera des Grecs et des Romains?

Mais on sera peut-être plus indulgent pour cette nouvelle et modeste production, si l'on veut bien se souvenir que l'Italie est un peu la patrie de tout le monde, et qu'on ne saurait s'occuper trop d'un pays avec lequel nous mettent tous les jours en contact nos intérêts ou nos plaisirs, et qui, tout à la fois, fait le charme et le tourment de l'Europe. Pour celui-là même qui en critique les mœurs ou les institutions, qui se dit libéral en accusant la servilité publique et qui prédit la fin du monde à cause de quelques désagréments de douane, cette contrée privilégiée ne conserve-t-elle pas, malgré tout, un attrait secret et irrésistible? N'éveille-t-elle pas dans son cœur une affection particulière, qui tient à la fois d'une admiration instinctive et d'une religieuse pitié?

Lorsqu'on passe les Alpes pour la première fois, les vives jouissances des yeux et de l'esprit vous inondent; on se sent doucement ému. L'air s'amollit, la flore du pays « où le citronnier fleurit » vient au-devant de vous avec son haleine embaumée. On est impatient de fouler ce sol dont chaque grain de poussière fut une de ces grandeurs, une de ces gloires qui ont ébloui notre jeune imagination. Mais c'est lorsqu'on franchit les monts pour la seconde fois, qu'à l'enchantement des yeux et au ravissement de l'esprit se joint l'attendrissement du cœur. On sent qu'on aime l'Italie, non-seulement dans ses qualités, mais jusque dans ses défauts. Et comment n'aimerait-on pas des défauts dont quelques-uns, chez tant de nations moins bien partagées, seraient encore des qualités?

L'émotion rend communicatif; sous son empire, chacun croit avoir à exprimer quelque chose de nouveau et de particulièrement intéressant. De là, un grief légitime contre ce pays : celui d'avoir fourni un prétexte à tant de livres, tableaux ou esquisses, dont si peu sont dignes de lui.

Jadis, le nombre des touristes qui laissaient s'égarer jusqu'à Naples leur humeur voyageuse était fort restreint; aujourd'hui, grâce aux nouveaux moyens de locomotion, tout le monde y est allé! Mais, de même que la liberté de tout penser et de tout dire n'a pas sensiblement grossi la liste des penseurs et des grands écrivains, la multiplicité des voyages n'a pas accru le nombre des voyageurs; elle a seulement développé dans une proportion prodigieuse le chiffre des gens qui se transportent d'un point à un autre, qui regardent sans voir, qui croient avoir voyagé parce qu'ils ont parcouru leur itinéraire à grande vitesse, et écouté le babil stéréotypé de quelques *ciceroni* plus ignorants encore que bavards.

Aussi bien, ces touristes agiles et satisfaits sont-ils une des plus curieuses productions de notre époque de machines à vapeur et de 3 pour cent. Avec quel intime et naïf contentement d'eux-mêmes ils vous racontent qu'ils se sont cassé bras et jambes, qu'ils ont eu la chance d'être dévalisés par de vrais bandits, ou de sauver une jeune et blonde fille d'Albion se noyant dans le Tibre! avec quel accent de triomphe ils vous affirment qu'ils ont visité Naples en trois jours et Rome en moins d'une semaine! Une semaine, les malheureux! ils pouvaient tout voir en un jour!

C'était l'avis du vénérable d'Agincourt, qui prétendait ne pas connaître Rome après un séjour de... trente années. Une anecdote qu'on lui attribue exprime assez bien les nuances de cette opinion. Notre infatigable archéologue, ayant à sa table trois étrangers, demandait à l'un d'eux combien de temps il avait passé à Rome.

— Huit jours, répondit fièrement le touriste.

— Bravo! alors vous connaissez Rome... Et vous? dit-il en s'adressant au second de ses convives.

— Trois mois.

— Ce n'est pas assez. Et vous? dit-il encore au troisième.

— Une année.

— Une année, s'écria M. d'Agincourt, c'est trop peu, monsieur, beaucoup trop peu, pour connaître Rome.

C'est aussi l'opinion d'un de nos plus spirituels académiciens qui croit habiter Paris, mais qui, en réalité, a, depuis plus d'un quart de siècle, élu domicile sur le mont Pincio. Il m'a récemment démontré, avec sa vive éloquence, combien la ville éternelle contenait encore de merveilles inédites, et combien il fallait de temps et de patientes études pour parvenir à savoir bien ce que tout le monde sait.

« Un moment suffit au peintre de paysage pour crayonner un arbre, prendre une vue, dessiner une ruine ; mais les années entières sont trop courtes pour étudier les mœurs des hommes et pour approfondir les sciences et les arts (1). »

Ces autorités imposantes serviront d'excuse à l'imperfection et aux nombreuses lacunes de mes ébauches ; elles me seront un abri contre la critique, d'autant plus importune qu'elle est méritée. Je répondrai, moi chétif voyageur, comme mes illustres devanciers : Le temps m'a manqué.

Il n'est sans doute pas besoin d'un si long séjour ni de tant d'érudition pour connaître Naples. Néanmoins, s'il suffit d'un coup d'œil pour admirer les magnificences de son golfe, il faut avoir pratiqué cet étrange pays pour le juger en connaissance de cause et comprendre ses

---

(1) Chateaubriand.

étourdissants habitants. Encore faut-il se résigner à se débattre au milieu des épines de l'antithèse et de la désharmonie, des notes les plus discordantes et des données les plus contradictoires, conséquence inévitable de sa merveilleuse variété d'aspects.

Peu de pays ont été exposés à de plus fréquentes invasions et ont souffert plus de vicissitudes : Sarrasins, Espagnols, Allemands, Français, sont venus tour à tour conquérir et se disputer cette contrée, où ils ont laissé des traces profondes de leur passage, et ajouté les traits particuliers de leur caractère et de leurs mœurs à la physionomie déjà si mobile de ces populations.

En Italie, on flâne sans remords, parce qu'en flânant on s'instruit ; je me suis donc laissé aller au charmant travail du *far-niente*; j'ai cherché Naples dans ses fêtes mondaines et dans les terreurs d'un tremblement de terre, dans ses églises et dans ses prisons, dans ses établissements de bienfaisance et dans ses théâtres, dans ses places publiques et dans l'intimité de sa vie de famille, et j'ai trouvé que, sur beaucoup de points, ce peuple est supérieur à ce qu'il paraît au premier abord. Il est atteint d'une caducité chronique, mais il a de la grandeur; son imprévoyance touche à celle de l'enfant, et il se consume à rêver la suprématie universelle; il est ignorant, mais on sent qu'il a fait partie d'un splendide foyer intellectuel; il est pauvre, mais il se drape dans sa misère avec plus de satisfaction que d'autres dans leurs richesses. Il n'a pas de religion, mais il est fort dévot. Sans profondeur ni consistance, il possède de l'esprit et une bienveillante gaieté qui charme. Il a été élevé à l'école de l'asservissement, et il tressaille au seul nom de la liberté. C'est le Vésuve qui, après avoir paru sommeiller pendant de longues années, éclate tout à coup, plus terrible, et fait trembler au loin la terre.

Incohérent assemblage d'anachronismes et de contre-sens; curieux et captivant sujet d'études, où se dévoilent les causes de la décadence d'une nation tombée de si haut, mais où se révèlent en même temps les énergiques symptômes d'un affranchissement plus ou moins prochain pour cette noble contrée dont le passé garantit l'avenir.

Pau, 5 mars 1859.

NAPLES

ET

LES NAPOLITAINS

FERDINAND II

FERDINAND II

I

Au milieu des événements considérables et des vicissitudes politiques des dix dernières années, Ferdinand II a eu cette bonne fortune, que l'Angleterre et la France, par leurs persécutions diplomatiques, en ont fait un martyr, presque un héros. S'il est peu de souverains qui attirent l'attention autant que le roi de Naples, il en est peu aussi qui aient donné lieu à des jugements plus contradictoires ; et, quoique très-rapproché de nous, il ne semble guère mieux connu que le roi de Siam ou l'empereur du Japon. Pour quelques-uns, il est le propagateur du vrai libéralisme et le bienfaiteur de l'humanité, un Trajan ou un Marc-Aurèle moderne; tandis que, pour d'autres, il n'est qu'un tyran sanguinaire, un Néron incomplet.

Ce n'est pas que de nombreux écrivains et voyageurs ne se soient faits les apologistes ou les détracteurs de ce prince, et n'aient pris à tâche, les uns de le recommander, les autres de le dénoncer à l'Europe; mais c'est précisément le nombre et la diversité de ces documents et de ces écrits qui compliquent la situation, et rendent très-délicate et très-difficile la recherche de la vérité. Ainsi, dans une publication inspirée par la première de ces opinions, nous trouvons ces mots : « Dans son royaume, Ferdinand II n'est pas craint; ce qui vaux mieux, il est respecté. Ferme quand la nécessité l'y oblige, mais indulgent jusqu'à la faiblesse toutes les fois que cela lui est possible, il a su se faire chérir de son peuple. Si les sages réformes progressivement apportées par Ferdinand aux institutions du royaume de Naples témoignent du libéralisme de ses opinions, la régularité de l'administration, la manière dont ses rouages fonctionnent sans froisser aucun intérêt, attestent la constante sollicitude d'un esprit supérieur sans cesse préoccupé du bonheur de ses sujets.

. . . .

» Ferdinand aime les lettres et les arts; il leur accorde une intelligente protection. Ses soins constants ont contribué à vulgariser l'instruction publique jusque dans les moindres hameaux; non pas cette instruction philosophique qui n'a pour effet que d'éteindre la foi, d'éveiller l'ambition et de produire des mécontents, mais l'instruction qui augmente le bien-être du peuple (1). »

Si cette appréciation ressemble trop à un panégyrique et qu'on soit curieux de connaître la vérité vraie sur cette royauté si diversement

---

(1) De Dalmas.

jugée, on n'a qu'à ouvrir le livre voisin, on y lira :

« Quel est l'état du royaume de Naples? Commençons par la finance. Les bureaux fonctionnent d'après des règlements très-sages ; mais ils sont à la merci de l'absolutisme, et le pillage s'y trouve organisé avec un ordre admirable. Il part d'en haut. Toutes les retenues sur les nominations nouvelles, et une foule de bénéfices administratifs, s'envolent comme par enchantement des caisses du trésor; où vont-ils ? Chez le roi... Quel est donc le principe de la monarchie napolitaine? D'après Montesquieu, il devrait être l'honneur; d'après les faits, c'est le vol et la trahison par l'espionnage (1). »

Mieux encore : veut-on connaître l'opinion exprimée par le grand conseil de l'Union italienne, dans sa proclamation du mois d'avril 1848 aux unitaires de la province de Naples? En voici quelques passages : « Vous seuls, ô frères!

---

(1) Ferrari.

vous seuls restez en arrière. Il est vrai que vous avez ce tigre de Bourbon qui déchire vos membres et boit votre sang ; cet hypocrite, ce fourbe, ce grand scélérat de Ferdinand (*sceleratissimo*). Mais n'êtes-vous point Italiens, vous? N'avez-vous pas un poignard ? Personne de vous ne donnera donc sa vie pour vingt-quatre millions de frères? Un homme seul, un seul coup de pointe, rendra la liberté à l'Italie, changera la face de l'Europe! et personne ne voudra acquérir une pareille gloire !

. . . .

» Non content de nous opprimer, il a conduit ses soldats dans les États romains ; mais Dieu l'a puni ; ses soldats sont morts ou prisonniers ; il a pris honteusement la fuite. Rome a vaincu ; Bologne a exterminé les Autrichiens ; les Hongrois ont détruit l'empire d'Autriche et sont sur le point de venir à nous. Seuls, parmi tous les Italiens, nous méritons le nom de lâches et de poltrons ; nous seuls ne sommes pas Italiens !

. . . .

» Une récompense de 100,000 ducats est offerte à quiconque délivrera l'Italie du susdit tyran. Comme il ne se trouve dans la caisse du comité que 65,000 ducats disponibles pour cet objet, les 35,000 autres seront levés par souscription. »

Les mazziniens trouvèrent-ils ces traits exagérés ? Le crédit du comité ne leur inspirait-il qu'une médiocre confiance? Je ne sais; mais un fait certain, c'est qu'il ne se présenta aucun grand citoyen pour répondre à cet appel si rempli de bouillante sollicitude pour l'avenir de l'Italie et de l'Europe.

Près de la plage, la transparence et le peu de profondeur de l'onde permettent d'apprécier la nature et les inégalités du sol sous-marin; mais, à mesure qu'on s'éloigne des côtes, quoique l'eau soit aussi pure, le regard se perd de plus en plus dans ses sombres abimes. Il en est ainsi des faits contemporains, plus encore que des faits qui font déjà partie du domaine de l'histoire. La question vaut, d'ailleurs, la peine d'être étudiée à Naples. Sur ce terrain, on se convaincra bientôt que Ferdinand II ne mérite

Ni cet excès d'honneur, ni cette indignité.

Au demeurant, la plupart des princes italiens sont d'assez bonnes gens. S'ils sont désillusionnés, un peu trop désillusionnés sans doute, sur les avantages de la liberté, faut-il en accuser uniquement ceux qui, de gré ou de force, avaient octroyé des constitutions et des lois empreintes, à un certain degré, de l'esprit de progrès et de libéralisme? La faute n'en est-elle pas aussi à ce peuple qui ne sait ni user de la liberté, ni se résigner à la servitude; qui ne connaît de la première que ses excès, et ne voit de remède contre la seconde que l'assassinat? Les faits contemporains n'ont-ils pas surabondamment prouvé que, si certains peuples ont su puiser leur force dans le sentiment du droit, les Italiens, malgré la grandeur et la légitimité de leur cause, n'ont su trouver d'auxiliaire que dans les passions désordonnées et d'autre argument que le poignard?

II

Ferdinand II, roi moitié moine, moitié guerrier, tout en donnant des marques d'une singulière étroitesse d'esprit et de caractère, n'en est pas moins doué d'une remarquable pénétration ; il juge promptement les intentions et s'approprie les idées des hommes qui l'approchent, mais il manque de cette grande faculté si nécessaire aux souverains, celle de généraliser les symptômes spéciaux et les idées particulières ; il analyse et ne synthétise pas ; en un mot, il pratique un individualisme mesquin, là où il devrait faire une large application de principes.

Cette parcimonie, ce myopisme de l'esprit imprime à ses actes des contradictions continuelles, lui fait retirer d'une main ce qu'il vient d'accorder de l'autre, détruire par des décrets inattendus les espérances que ses bonnes intentions avaient provoquées, adopter sans cesse des mezzo-termine qui ne contentent aucun parti. En présence de tels actes, on a trop souvent lieu de se demander comment il est possible d'unir tant de perspicacité à tant d'aveuglement.

Cela n'enlève rien à l'attrait personnel du roi ; tous ceux qui l'approchent en sont plus ou moins subjugués. Un des chefs radicaux de 1848, mis en présence de son souverain, s'écriait avec feu : « Sire! que ne vous ai-je connu plus tôt, je ne serais pas révolutionnaire! »

Le roi est instruit, érudit même ; néanmoins, il craint les supériorités et s'en défie. Il connaît fort bien tous les faits historiques, et pourtant on ne peut pas dire qu'il connait l'histoire. Il se pique de posséder la science de la législation, et il pratique avec passion le gouvernement du bon plaisir. Il redoute et repousse avec raison les prétentions de la papauté, qui ne tendent pas à moins qu'à imposer à Naples une sorte de vasselage, et en même temps il rend des décrets qui restituent à l'Église la plupart de ses anciens priviléges et font reculer le pays d'un siècle en arrière. Il ressuscite l'inquisition tracassière, dominatrice et intolérante du clergé et le place au-dessus du droit commun.

Par une double contradiction, en réintégrant le clergé dans sa puissance, le roi a confié la direction des cultes à un laïque, quand, d'après certaines conventions avec Rome, cette direction aurait dû être remise aux mains d'un évêque. C'est le remords placé à côté de la faute.

Doué d'une activité qui serait remarquable même dans un climat moins énervant que celui de Naples, Ferdinand veut tout voir et tout examiner par lui-même, jusqu'aux détails les plus infimes. Si ce zèle était vraiment intelligent, l'industrie, les sciences et les arts pourraient en recevoir un encouragement d'autant plus efficace qu'il procéderait directement de la volonté royale. Malheureusement, ce sont les résultats inverses que l'on constate de toutes parts. La cour ne donnant pas l'exemple, le groupe des hommes qui aiment et respectent les sciences et les arts est encore plus restreint que celui des savants et des artistes. Le roi ne cherche point à mettre d'entraves à l'immoralité qui se manifeste autour de lui, non-seulement dans la société, mais aussi parmi les prêtres ;

Mais il faut des tableaux couvrir les nudités,

et la Vénus de Praxitèle est soigneusement dérobée à tous les regards.

Il a réglé lui-même la longueur des jupes des danseuses et leur a prescrit des maillots verts pour calmer les jeunes imaginations. Il interdit toute espèce de jeux dans les cafés, où la prohibition n'a pas même épargné l'innocent domino, et il encourage par tous les moyens possibles la loterie, qui traîne à sa suite la misère et l'immoralité. Il refuse à Rome certains priviléges, et il accorde à saint Ignace de Loyala les honneurs militaires et la paye de maréchal de camp, que les bons pères ne se font point scrupule d'encaisser. Il opère la conversion des rentes 5 pour 100 pour diminuer les charges du trésor, et il nomme à des directions financières, avec des traitements de faveur, des hommes notoirement incapables de remplir leurs fonctions.

Tout en prétendant donner de l'impulsion à l'industrie, il défendit à ses sujets de prendre part à la grande exposition française de 1855. En revanche, il autorisa dans ses États l'usage de la photographie, qui avait failli être interdite comme une nouveauté dangereuse.

III

Ce qui ne laisse pas d'imprimer au pouvoir un prestige et un ascendant très-réels, c'est qu'en général le roi est conséquent avec ses principes; c'est qu'il possède précisément les qualités dont son peuple est dépourvu; il a de la fermeté et de la persévérance, tandis que les classes inférieures n'agissent que par explosion, et que la noblesse, privée d'énergie, se contente d'une opposition frondeuse et contenue. Plus on étudie le caractère de ce prince, plus on est frappé des analogies qu'il présente avec celui de Philippe II, dont un illustre écrivain (1) nous

---

(1) M. Guizot.

a donné un portrait si largement tracé. Comme le monarque espagnol, le monarque napolitain, sur un théâtre et dans des proportions plus modestes, « aime à la fois la pompe et le silence, les affaires et le repos, le gouvernement et la solitude. »

A Rome, on ne sait où on en est, et la vieille machine administrative produirait des effets désastreux si les frottements n'en étaient adoucis par une sorte de mansuétude et de bonté qui tient de la paresse. Ici, du moins, le roi a un dogme politique, un système de gouvernement, et, malgré la surprenante application que nous lui en voyons faire, il n'en demeure pas moins démontré, pour moi, que Ferdinand II est l'homme le plus logique, peut-être le seul homme logique de son royaume.

Il y a donc un système à Naples. Doit-on se féliciter de son existence? Il y a lieu d'en douter, puisque c'est le système de l'éteignoir, se résumant dans un défaut de compréhension intelligente des nécessités de notre temps, des exigences d'une sociabilité éclairée et portant l'empreinte permanente d'un obscurantisme dévot, devenu le trait caractéristique du gouvernement d'un souverain entouré cependant de tant d'éléments de vie et de prospérité.

Le début du règne faisait espérer mieux. A cette époque, on avait encore présentes à l'esprit les folles prodigalités et les injustices criantes de François Ier ; d'autre part, le ferment du carbonarisme perdait une partie de son activité; les intentions du nouveau monarque se manifestaient donc sous des auspices très-favorables. Le jour de son avénement au trône, en 1830, il les fit connaître par la proclamation dont voici quelques extraits :

« Intimement convaincu des desseins de Dieu sur nous, et résolu à nous y conformer, nous tournerons toute notre attention sur les besoins principaux de l'État et de nos sujets bien-aimés, et nous ferons tous nos efforts pour cicatriser les plaies qui, depuis quelques années, affligent ce royaume.

» En premier lieu, convaincu que nous sommes que notre sainte religion catholique est la source principale de la félicité des peuples, notre premier et plus grand soin sera de la protéger et de la conserver intacte dans nos États, et d'employer tous les moyens en notre pouvoir pour faire observer strictement ses divins principes. Les évêques étant, par la mission spéciale qu'ils ont reçue de Jésus-Christ, les principaux ministres et gardiens de cette religion, nous comptons sur eux pour seconder par leur zèle nos justes intentions en remplissant exactement les devoirs de leur épiscopat.

» En second lieu, considérant qu'il ne peut y avoir dans le monde aucune société bien ordonnée sans une impartiale administration de la justice, ce point sera de notre part l'objet d'une ardente sollicitude. Nous voulons que nos tribunaux soient autant de sanctuaires qui ne puissent jamais être profanés par les intrigues, par les protections illicites, ni par aucune considération d'intérêt humain. Aux yeux de la loi, tous nos sujets sont égaux; et nous ferons en sorte que la justice sait également rendue à tous.

» Enfin, la branche des finances réclame notre attention particulière, comme étant celle qui donne la vie et le mouvement à tout le royaume. Nous n'ignorons pas qu'il y a dans cette partie des plaies profondes que l'on doit guérir, et que notre peuple attend de nous quelque soulagement aux charges que nous ont léguées les troubles passés. Nous espérons, avec l'aide de Dieu, satisfaire à ces deux objets si précieux pour notre cœur paternel, et nous sommes prêt à faire toute espèce de sacrifices pour y parvenir. Nous espérons que chacun, en ce qui le concerne, suivra notre exemple, afin de rendre à ce royaume la prospérité qui doit être l'objet des désirs de toutes les personnes vertueuses et honnêtes.

» Naples, 8 novembre 1830. »

En même temps que, par ce programme plein de mesure, Ferdinand rassurait l'opinion, il nommait un ministère composé d'hommes d'une intégrité et d'une loyauté reconnues, dont la présence aux affaires était une garantie des bonnes dispositions du roi.

Le contre-coup de la révolution de juillet vint le surprendre sur ces entrefaites, et compromettre un avenir qui s'annonçait avec tout un cortége de réformes et de progrès. Le carbonarisme, à peine assoupi, se réveilla au bruit des *trois glorieuses journées* et se disposa à profiter de toutes les circonstances bonnes ou mauvaises pour chasser les Bourbons de Naples, comme leurs aînés venaient d'être chassés de France. On sait que ce parti, semblable à tous les partis révolutionnaires, qui aspirent à devenir grands en s'exhaussant sur des ruines, était peu scrupuleux sur les moyens à employer. En 1836, le choléra, accomplissant son tour du monde, éclata à Naples avec une violence extrême. Le carbonarisme vit en lui un utile auxiliaire, et en profita pour exciter des mouvements politiques, en accusant le gouvernement d'empoisonner la population.

En pareille circonstance, la peur est le plus mauvais conseiller du peuple. De tumultueux, le mouvement devint l'agitation du désespoir; et c'est ici le lieu de reconnaitre que le roi montra un caractère à la hauteur de la situation. Il se rendit dans les hôpitaux et dans les quartiers où l'épidémie exerçait le plus de ravages; il mangeait du pain qu'on prétendait être empoisonné, il entrait même dans les maisons particulières et s'approchait des cholériques pour s'assurer qu'ils recevaient le traitement exigé par leur malheureuse position. Cette conduite courageuse ne tarda pas à ramener le calme dans la population; mais les conspirateurs émérites de la jeune Italie n'en continuèrent pas moins leur anarchique mission : ils continuèrent à dénigrer tous les actes du roi et ceux de ses fonctionnaires, sans leur tenir compte d'aucun mérite; ils établirent des correspondances secrêtes et nouèrent des relations clandestines entre les provinces et l'étranger.

C'est à dater de cette époque qu'un changement regrettable se fit remarquer dans les tendances politiques et administratives de Ferdinand.

Seuls, les caractères vraiment grands et élevés grandissent encore en face des difficultés et des obstacles; celui du roi faiblit. Ce monarque ne sut pas se maintenir dans la voie où, aux applaudissements de son peuple, il semblait s'être engagé. Flottant entre les conseils du libéralisme timoré de Louis-Philippe et ceux de l'Autriche égoïste et retardataire, il se laissa bientôt entraîner vers l'école de Metternich, et conclut avec le cabinet de Vienne une alliance à laquelle il est demeuré fidèle; mais, en se mettant à la remorque de l'absolutisme, il ne renonça pas entièrement à ses premières aspirations vers le progrès, et du conflit de ces deux doctrines inconciliables sortirent fatalement les inconséquences que nous avons déjà signalées dans la plupart de ses actes, et qui firent de son gouvernement le plus étrange amalgame de contradictions et d'antinomies. Et cependant il a su se maintenir; il est encore debout, tandis que, des deux souverains qui l'avaient honoré de leurs conseils, l'un a vu son trône emporté par la tourmente révolutionnaire, l'autre a abdiqué une couronne chancelante dont le poids était devenu trop lourd pour son front.

Les événements qui, en 1848, mirent sa propre dynastie en si grand péril, sont trop connus pour qu'il soit nécessaire d'en rappeler ici tous les détails. On sait que, le 11 février 1848, une constitution avait été promulguée à Naples. En éclatant coup sur coup, les révolutions de France, de Prusse, d'Autriche, et surtout l'insurrection lombarde, en annulèrent le favorable effet; elles imprimèrent au parti de la jeune Italie, personnifiée dans Mazzini, un élan démagogique qui ne visa plus seulement à la suppression de la constitution nouvelle, trop pâle au gré de sa frémissante ambition, mais bien au renversement de la dynastie des Bourbons.

Le roi avait cependant donné quelques nouvelles garanties de libéralisme; mais, la confiance réciproque entre les sujets et le souverain ayant totalement disparu, on ne lui sut aucun gré de ses concessions. Or, si en temps de calme cette confiance est une condition nécessaire de tout bon gouvernement, combien est-elle plus nécessaire encore au milieu de l'agitation et du tumulte des passions populaires !

Quoique prince national, Ferdinand II n'a jamais eu les bénéfices de cette situation : il a toujours été traité en Italie comme un étranger; il n'a éprouvé ni moins de difficultés, ni moins de craintes; et l'on sait qu'à défaut d'autres motifs, les craintes, les défiances, peuvent devenir la cause déterminante des actes les plus contraires aux intérêts de l'État. On ne lui a pas même tenu compte des embarras de sa situation; à chaque concession qu'il faisait, on répondait par de nouvelles exigences, non moins incompatibles avec un pouvoir monarchique qu'avec une sage liberté. Aussi le roi, vainqueur des révolutionnaires, en est-il revenu aux traditions du gouvernement le plus absolu. Il se rappelle avec complaisance que le congrès de Laybach envoya des troupes autrichiennes à Naples, sous prétexte qu'on y jouissait de trop de liberté; et il se rit de ce que la France et l'Angleterre lui font aujourd'hui des représentations parce qu'elles trouvent qu'il y règne trop de despotisme.

S'il ne va pas jusqu'à maintenir rigoureusement la lettre de certains décrets de ses prédécesseurs, de celui-ci par exemple : « Toute réunion de deux individus constitue une société secrète, » il en maintient du moins l'esprit et les tendances. Eût-il les meilleures intentions du monde, son gouvernement ne pourrait se soustraire aux défauts de son origine et à ceux qui sont inhérents à ce dangereux régime du bon plaisir.

Quoi qu'il en soit, Ferdinand, connaissant

bien le sort des souverains de tous les temps, n'ignore pas que, si Denys l'Ancien mourut d'une tragédie, un roi risque plus encore de mourir d'une constitution. Aussi, pour avoir la clef de sa politique, il faut lire ces mots, qu'il écrivait à Louis-Philippe : « La liberté est fatale à la famille des Bourbons; mon peuple n'a pas besoin de penser. Je me charge de son bien-être et de sa liberté. »

Me trouvant à Naples le jour où on y apprit la chute de Sébastopol, j'ai pu vérifier par moi-même l'existence de ce système de compression morale. La nouvelle étant arrivée le soir, je n'entendis exprimer, dans les salons, aucune opinion sur un événement de si haute importance. Ce ne fut que le lendemain, lorsque le journal officiel en eût dit quelques mots, qu'on se hasarda d'en parler.

De là, un réseau d'intimidation étendu sur tout le pays, comme si l'histoire ne prouvait pas qu'opprimer la pensée ne sert qu'à fournir des armes à ceux qui en veulent l'affranchissement. Vouloir civiliser avec des soldats et non avec des idées, c'est l'équivalent des doctrines des de Bonald, des de Maistre et autres penseurs, dont l'intelligence n'aimait pas à voir grandir celle des autres. Et cependant, tel est l'état de choses actuel, que, lorsqu'on le considère attentivement, on se prend à regretter que le roi ne gouverne pas aussi réellement qu'il en a l'air, car l'atonie administrative offre une telle résistance et engendre une si dégradante immobilité, que le peuple souffre de tous les inconvénients du despotisme sans avoir les avantages d'un régime vigilant et protecteur, ni les adoucissements exceptionnels de la volonté royale, inhabile à se faire jour jusqu'à lui.

Ici, la terre tremble, et le mot de Galilée y serait deux fois vrai : *si muove*. Le gouvernement seul demeure immobile. Il en est de lui comme de l'aiguille d'une horloge qui se dresse au centre du *largo del Castello*, et dont l'administration semble avoir voulu faire un emblème. Elle offre toutes les apparences d'une horloge parfaitement constituée ; mais, lorsqu'on la considère, on s'aperçoit bientôt qu'elle ne marche pas ! les aiguilles sont arrêtées au sommet du cadran, marquant ainsi midi ou minuit, l'heure où l'on y voit trop et celle où l'on n'y voit pas du tout.

L'éducation de l'héritier de la couronne se ressent malheureusement des doctrines en faveur. On lui apprend sans doute bien de choses ; mais la plus nécessaire de toutes à un roi, la connaissance des hommes, reste pour lui lettre close.

Dans l'espèce de séquestration monacale qu'il subit, le jeune prince, dont le caractère est à la fois doux et taciturne, ne voit que quelques prêtres et quelques soldats. Ferdinand possède une certaine habileté ; il a ses hommes à lui. Son fils n'aura ni habileté ni hommes, pas même de ceux dont le rôle se borne à servir d'instruments à une pensée réfléchie et persévérante. Il y a, dans ces regrettables conditions d'avenir, un danger réel pour la dynastie. On dirait que, nouveau Louis XI, le roi ne considère son fils que comme un héritier impatient de lui succéder et qu'il s'en défie. Lui-même a autorisé ce soupçon en laissant voir que la popularité de l'un de ses frères lui était importune (1).

IV

Une des conséquences — et ce n'est pas la moins curieuse — du régime du bon plaisir, tel qu'il est pratiqué à Naples, c'est qu'il y est plus facile d'obtenir une grâce que de se faire rendre justice. Une pension avait été attribuée à l'en-

(1) Le comte de S., étant gouverneur de Sicile, parut dans un bal, à Palerme, en costume de Charles le Téméraire. En apprenant ce fait quasi séditidieux, le roi révoqua son frère de ses hautes fonctions ; il le rappela à Naples, et dit à ses courtisans : « Je ne veux pas être un Jean Sans-Terre. »

fant d'un général dont les services méritaient des récompenses signalées ; mais, le roi venant à apprendre que cet enfant serait élevé dans la religion protestante qui était celle de son père, la pension fut supprimée, contrairement à toutes les notions de droit et d'équité. On peut, en revanche, citer quelques traits d'une clémence aussi maladroite qu'intempestive. Dans une des excursions du roi à Ischia, un condamné politique de 1848, homme de fort mauvaises mœurs, trouva moyen de parvenir jusqu'à lui. Ce misérable réussit à l'intéresser, et, moins sincère que Poerio, il affirma que son repentir était aussi profond que son respect pour Sa Majesté. Le roi lui fit grâce. Mais le prisonnier reprit aussitôt : « Sire, de quoi me servira la grâce que Votre Majesté daigne m'accorder ? Ici, je puis aller et venir à ma fantaisie, tandis qu'à Naples mes débiteurs me feront remettre en prison. » Le roi, touché de tant d'ingénuité, donna l'ordre d'acquitter toutes ses dettes.

V

L'application des principes dont nous avons essayé de donner un aperçu a pour résultat d'élever toujours plus haut un mur de bronze entre le souverain et la portion éclairée de la nation. Des apologistes du roi s'écriaient, il y a peu de temps encore : « Comment ne s'expliquerait-on pas l'affection des populations du royaume pour le prince, qui, de son côté, répond à leur amour et à leur confiance en sortant sans escorte, et conduisant lui-même sa voiture au milieu des flots de la population pressée sur son passage? Dans les grandes catastrophes causées par les tremblements de terre, c'est le roi qui est le premier sur les lieux, qui dirige les travaux de sauvetage, qui veille à la distribution des secours (1). » Elle n'est plus, hélas ! cette époque riche d'amour et de confiance mutuelle : le roi a divorcé avec sa capitale, et presque avec son royaume, à l'extrémité duquel il s'est exilé. Il ne se montre que rarement en public, et les tremblements de terre n'ont plus le privilége d'éveiller sa sollicitude. Il n'a point paru sur les lieux désolés par les effroyables commotions du 16 décembre 1857 ; sa présence, autrefois si efficace, n'est point venue relever les courages et secouer la déplorable apathie qui a signalé l'exécution de ses ordres et en a paralysé toutes les bonnes intentions. Lors de la collecte effectuée pour venir en aide aux victimes de ces désastres, il n'a souscrit que pour 8,000 ducats. Il venait, il est vrai, d'en donner 12,000 pour l'entretien de la chartreuse Saint-Martin !

On ne peut nier cependant que, malgré ses

(1) Goudon.

défauts, ou plutôt à cause de ses défauts mêmes, Ferdinand II ne soit aimé des classes inférieures de son royaume. On n'ignore pas que son cœur est accessible aux sentiments de commisération et de bonté, et que sa piété ne saurait être mise en doute (1). Dans son intérieur, il se montre père de famille, sinon éclairé, du moins susceptible de tendresse et de dévouement; malheureusement, ces vertus bourgeoises n'atténuent en rien les erreurs et les dangers de sa politique. A son avénement, il semblait avoir compris qu'à côté de l'immobilité romaine, le roi de Naples avait son rôle tout tracé, celui de représentant de l'élément progressif italien. Aujourd'hui, il est plus conservateur que le pape. Et, conserver ainsi, qu'est-ce faire autre chose que constituer une raison permanente de troubles et de révolutions. Les amis de l'Italie gé-

(1) Le roi entend la messe tous les matins, et ne manque pas un seul jour de faire sa visite à un couvent de passionnistes que, par suite de son penchant pour les moines, il a établi dans son parc de Caserte.

missent de voir dans le midi de la Péninsule un souverain dont le despotisme aveugle doit aboutir à l'anarchie, tandis qu'au centre végète un État devenu le type à la fois de l'anarchie et du despotisme.

INSTITUTIONS

INSTITUTIONS

I

La plupart des *forestieri* qui ont séjourné à Naples en rapportent des idées parfaitement fausses sur les institutions de ce royaume. Ces idées, ils les publient avec une assurance qui impose d'autant plus qu'elle paraît s'appuyer sur des données nombreuses et concluantes. Rien, en effet, n'est plus commun que d'entendre parler avec mépris des institutions napolitaines, tandis que c'est précisément le contraire qui devrait avoir lieu. Plus on examine ces institutions, plus on trouve leurs dispositions prévoyantes et ingénieuses.

Des différents systèmes de gouvernement et d'administration qui ont été successivement mis en pratique à Naples, le législateur semble avoir retenu tout ce dont l'expérience a démontré la valeur, tout ce qui peut présenter de solides garanties à un peuple jaloux de ses droits, jaloux d'ordre et de progrès, et décidé à se maintenir dans ce sage repos politique qui n'exclut point une existence active et assure une prospérité régulière. La domination française y a laissé de nombreuses traces, dont la principale est le Code Napoléon, demeuré en vigueur, sauf quelques articles concernant le droit d'hérédité et un petit nombre d'autres dispositions moins importantes.

Organisation de la haute administration, organisation de la justice et de l'instruction publique, organisation financière et commerciale, tout semble complet, plus complet qu'en d'autres contrées. J'allais dire tout semble parfait.

Que l'on couronne maintenant ce bel ensemble de décrets, de lois et d'institutions, par une constitution progressive et dans sa forme et dans son esprit, et dont le seul défaut est de dater de 1848, constitution suspendue seulement, mais qui n'a point été abrogée, quoi qu'en disent les malveillants et les indiscrets, n'aura-t-on pas un gouvernement modèle et, par conséquent aussi, un peuple modèle, s'il est vrai, comme on l'a répété, que les peuples n'ont que le gouvernement dont ils sont dignes?

Pourquoi faut-il que les résultats ne confirment pas ces déductions de la logique, et que le tableau rassurant qu'elles présentent à notre esprit soit si différent de celui que nous avons sous les yeux! Si, en effet, vous vous approchez de ce bel édifice constitutionnel, qui, vu à distance, paraît si imposant, vous vous apercevez bientôt que les soldats qui montent la garde à sa porte n'y ont pas été mis pour veiller à la sûreté de ses habitants, car il est désert; mais qu'ils ont pour consigne d'en défendre l'entrée à quiconque s'aviserait d'en vouloir utiliser les vastes solitudes. Il en est de cette ingénieuse collection de lois comme de ces instruments de prix dont personne ne sait ou n'ose faire usage.

Je me trompe. Il y a telle circonstance où cette savante législation, broderie d'illusions sur un canevas de mensonges, trouve son emploi et devient d'une utilité réelle : c'est lorsqu'il s'agit de faire taire les scrupules de certaines consciences honnêtes ou libérales, ou que l'on veut trouver quelque solide réponse aux exigences des gouvernements étrangers.

On raconte que, dans leurs guerres avec les barbares, les Chinois exposaient à la proue de leurs navires des images fantastiques assez effroyables, pour mettre en fuite une armée, fût-elle composée de peintres réalistes. A ce procédé trop naïf pour notre époque, les Napolitains en ont substitué un autre plus en harmonie avec les raffinements de la civilisation. Lorsqu'il s'est agi dernièrement de conjurer l'invasion dont les menaçaient certains peuples grands donneurs de conseils, au lieu de chercher à effrayer les importuns, ils les ont éblouis en faisant miroiter l'éclat de leur constitution et surtout de leur organisation judiciaire.

Le gouvernement des Deux-Siciles, grâce à ce commode appareil, a pu répondre aux barbares : « Ces jugements dont on nous fait un crime, daignez remarquer, illustrissimes seigneurs, qu'ils ont été prononcés par des tribunaux d'organisation française régulièrement constitués. Les juges sont, il est vrai, particulièrement dévoués au roi; mais quoi! le dévouement n'est-il chose louable que chez des sénateurs ou des conseillers d'État? »

A un pareil discours, que répondre, sinon que le royaume de Naples est le meilleur des royaumes possibles, et que tout y est pour le mieux?

II

Le gouvernement est, aujourd'hui comme sous les Français, divisé en quatre ministères. Mais le roi, en descendant jusque dans les derniers détails de l'administration, a réduit ces ministères à l'état de simples directions pour l'expédition des affaires.

Celui de l'intérieur, créé pendant le gouvernement français, a subi peu de modifications depuis cette époque. Les attributions du ministre sont considérables. Toute l'économie du gouvernement réside dans ses mains et c'est lui qui devrait être le promoteur de l'activité et de la richesse nationales. « Une des plus belles attributions de ce ministère fut la loi organique donnée à la nation sur l'administration civile. Cette loi est un modèle dans le genre administratif et digne dès lors des États les plus civilisés de l'Europe (1). » Ses principales dispositions ont pour objet la division du royaume en provinces, districts et communes, et l'établissement des différentes autorités appelées à les régir, tant dans l'intérêt de l'État que dans celui des particuliers.

Les relations établies entre ces autorités sont autant d'anneaux d'une même chaîne qui s'étend sur tout le pays et en relie les diverses parties au profit de la prospérité publique. Tous les votes des conseils d'intendance et des conseils provinciaux doivent être émis à découvert, afin que l'esprit de parti ne puisse se glisser dans leurs décisions et que la vérité soit assurée toujours de triompher de la corruption.

Cette loi si libérale, si bien conçue, promettait, si elle eût été bien exécutée, les résultats les

(1) Comte Orloff.

plus favorables. Malheureusement, à Naples encore plus qu'ailleurs, c'est la valeur des fonctionnaires qui fait la valeur des lois, et c'est ici qu'on peut s'écrier : A quoi servent les lois sans les mœurs? Nulle part on n'a moins compris que les fonctions publiques ne devraient être qu'autant de vérités en action.

L'instruction publique, une des plus intéressantes attributions du ministère dont nous parlons, est aussi celle qui a eu le plus à souffrir. L'application vicieuse des lois lui a peut-être fait plus de tort que les tendances rétrogrades du gouvernement actuel.

L'université de Naples, naguère si riche en illustrations de tout genre, voyait se presser autour de ses professeurs une foule de jeunes gens des provinces et de la capitale. Aujourd'hui, le gouvernement ne semble s'attacher qu'à diminuer l'importance des professeurs et à restreindre l'ardeur et le nombre de leurs élèves. Depuis 1848, l'insignifiance des cours est devenue extrême, la plupart des professeurs de quelque mérite ayant été, pour raisons politiques, ou exilés ou emprisonnés. Plusieurs d'entre eux figurent honorablement à Turin et à Paris. Ceux qui demeurent attachés à l'enseignement sont condamnés, par l'insuffisance de leurs traitements, à toutes les difficultés de la vie matérielle, et ne jouissent, pour remplir dignement et utilement leur mission, ni de la liberté d'esprit, ni de la considération nécessaires.

Malgré les obstacles que suscitait l'administration, l'université était accessible à toute la jeunesse du royaume, et le nombre des étudiants augmentait chaque année. Il en sortait parfois des élèves distingués. Cela devenait inquiétant; aussi, en 1854, sous prétexte de doter les provinces d'académies qui offriraient à la jeunesse studieuse un accès plus commode et épargneraient aux familles les dangers et les frais de lointains déplacements, il fut fait défense à tous autres qu'aux ressortissants des deux seules provinces de Naples et de la Terre-de-Labour de venir dans la capitale pour y suivre les cours de l'université. Peut-être n'eût-ce été que demi-mal, si la création des académies de province eût répondu à ce prétendu projet de décentralisation intellectuelle ; mais elle n'a servi qu'à déguiser les intentions d'une politique occulte sous les grands mots d'intérêt national. Inutile d'ajouter que, dans ces nouvelles académies, les études sont peu suivies, et que le niveau n'en est pas des plus élevés.

Cette mesure n'est qu'un exemple de l'hypocrisie gouvernementale décorée du nom d'habileté.

On croit ici qu'il en est de cette infirmité morale portée à de grandes proportions comme du meurtre collectif des batailles qui devient un fait d'armes admiré, ou comme des mensonges diplomatiques sans lesquels on prétend qu'il n'y a pas de domination politique possible. On ne saurait pourtant méconnaître que, si le sentiment de la justice est la probité de l'esprit vrai, et l'hypocrisie individuelle la probité des cœurs faux et lâches, on ne saurait, dis-je, méconnaître que l'hypocrisie gouvernementale n'a de probité d'aucune espèce.

Les règlements universitaires ne laissent rien à désirer, ils sont conservés en grande partie de la domination française. Théologie, jurisprudence, philosophie, littérature, médecine, sciences physiques et mathématiques sont représentées dans le programme; toutes les chaires y figurent avec honneur; mais, si l'on demande où et quand se font certains cours, on s'aperçoit que la demande est indiscrète et qu'ils n'existent que sur le papier. Quelques professeurs réclament-ils la permission de commencer leurs leçons, cette permission leur est accordée avec des restrictions, puis leur est retirée la veille même de l'ouverture. Ce fait s'est produit récemment. Il s'agissait d'un professeur de droit public, homme aussi recommandable par son mérite scientifique et l'intégrité de son caractère que par son dévouement au roi. Cette exclusion peut donner la mesure de l'estime que le gouvernement professe pour le droit public. Le ministre motive sa détermination par le danger des discussions que pourrait provoquer l'examen des diverses formes de gouvernement.

C'est l'application des idées du célèbre Delcaretto, ennemi déclaré de tout ce qui se rapprochait du libéralisme intelligent. Vainement lui représentait-on que, la jeunesse ayant déjà entre les mains Cicéron, Tacite, et autres philosophes ou historiens fort capables d'attirer l'attention sur ces différentes formes de gouvernement, il était à désirer, dans l'intérêt même de la royauté, que des cours de législation et de droit public vinssent former et diriger le jugement des étudiants. Le roi, pour son compte, n'était pas éloigné de se rendre à ce raisonnement; mais Delcaretto fut inflexible : nouvelle preuve qu'en certaines occasions, le roi, tout roi absolu qu'il est, règne et ne gouverne pas.

En consultant le programme universitaire, on verra encore avec satisfaction que le grec et le latin y occupent une large place. Ceci est un calcul. En poussant l'étude des langues classiques jusqu'à ses dernières limites, on a réussi à en faire une sorte d'épouvantail qui tient à distance bon nombre d'étudiants découragés par les sacrifices de temps et d'argent que leur imposerait cette étude prolongée indéfiniment.

On oblige ainsi beaucoup de jeunes gens à subir l'ignorance générale. Un problème étant posé : *Restreindre le développement intellectuel,* le résoudre en exagérant la nécessité de l'instruction et en formant, sans qu'il y ait de milieu possible, des lazzaroni ou des hommes de génie ! Machiavel n'eût certes pas trouvé mieux. Il semble que l'enseignement scientifique devrait au moins être dégagé des entraves qui pèsent sur les lettres ; il n'en est rien. Un professeur, M. S. D. C., a dépensé sa fortune pour le progrès de la science qui fait l'objet de son enseignement, sans que l'État lui ait jamais accordé ni aide ni encouragement.

Cette obstination à ne vouloir faire aucune concession aux besoins de notre époque, à cette légitime insurrection de l'esprit contre la matière, est un des résultats les plus affligeants du système rétrograde dont nous retrouvons partout la dangereuse application.

Un autre résultat non moins significatif et non moins regrettable des mesures que je viens de signaler, c'est l'abandon des établissements laïques au profit des établissements cléricaux. Ce sont les R. P. Jésuites qui recueillent les fruits de la décadence universitaire. Le gouvernement avait, il est vrai, essayé d'apporter quelques restrictions à l'extension de leur enseignement, qui ne devait avoir que les belles-lettres pour objet. On leur avait d'abord interdit la philosophie; mais ils sont parvenus à s'en emparer, en prenant l'engagement de ne pas professer la leur. On connait la ténacité de cette célèbre compagnie, et l'art consommé qu'elle apporte dans les accommodements avec la conscience.

Quoi qu'il en soit, les révérends pères ont déjà entre leurs mains la plus grande partie de la jeunesse de Naples; la noblesse surtout les favorise de sa haute clientèle. On croira sans peine que l'esprit de progrès et d'émancipation intellectuelle banni de l'université ne s'est pas réfugié dans les écoles des révérends pères. On ne saurait nier, cependant, que les Jésuites n'aient compté, et ne comptent encore dans leur rangs des esprits distingués et des hommes d'une incontestable érudition, ni que plusieurs de leurs colléges n'aient formé d'excellents élèves; mais il n'en est pas moins avéré que leur système d'éducation, pris dans son ensemble, est entaché d'un esprit pernicieusement rétrograde, étroitement scolastique, suspect dans ses tendances et surtout dans ses moyens, incapable d'élever le niveau moral de l'humanité et de développer ce qu'il y a en elle d'instincts nobles et généreux. Semblable à ces flammes phosphorescentes qui se montrent pendant la nuit sur la mer agitée, leur enseignement brille, mais ne réchauffe pas.

Dans le royaume des Deux-Siciles, les écoles particulières sont en petit nombre. On ne peut guère citer à Naples que deux institutions pour les jeunes garçons. Encore sont-elles loin d'être en harmonie avec la civilisation actuelle. Ces établissements, soumis à des règlements et à une surveillance très-sévères, sont vus d'assez mauvais œil par le gouvernement. On peut, à ce propos, se faire une idée de la propension de la police à s'immiscer dans les actes les plus simples de la vie civile, abus qui contribue puissamment à la démoralisation, en éveillant dans de jeunes âmes l'instinct de la défiance et en leur faisant du mensonge une quasi-nécessité.

Les écoliers, interrogés sur l'endroit où ils se dirigent, ne manquent pas de répondre qu'ils vont faire visite à M.***, essayant ainsi de donner le change aux questionneurs. Parents et enfants craignent d'être mal notés à la police, et, dans ce cas comme en bien d'autres cas plus importants, les Napolitains répètent :

Non ragionam di lor, ma guarda e passa.

La capitale, quant à l'instruction élémentaire,

offre plus de ressources pour les jeunes filles que pour les garçons. L'établissement du Miracle, fondé par Murat pour les filles nobles, a acquis une réputation méritée. Peut-être n'est-ce pas l'avis de certains pères de famille retardataires, qui voient leurs filles y prendre le goût du monde à la place de celui du couvent où, par raison d'économie, ils auraient voulu les reléguer.

Il y a peu de chose à dire des écoles primaires. Sous le règne de Murat, il n'y avait pas de paroisse qui n'en possédât au moins une. Elles furent bientôt fréquentées par plus de cent vingt mille enfants. Au retour des Bourbons, ces nombreuses écoles, dont le succès avait tout d'abord dépassé celui qu'on en attendait, furent fermées pour la plupart, sinon légalement, du moins faute de ressources. Des prêtres payés par le gouvernement devaient être mis à la tête de ces nouvelles institutions; mais, par suite du peu d'encouragements donnés à l'instruction et de l'inexécution de la loi, les écoles, loin de se relever de l'abandon où elles sont tombées sous la Restauration, n'ont fait, depuis lors, que dépérir de jour en jour.

Après cet inintelligent et malencontreux essai de culture intellectuelle, on est revenu à ce raisonnement, aussi spécieux que rassurant : « Le peuple instruit devient mécontent de son sort, il le veut améliorer, changer à tout prix; de là les révolutions. Devenus égaux ou supérieurs par l'intelligence à ceux que les hasards de la naissance ou les caprices de la fortune ont placés au-dessus d'eux, les gens du peuple trouvent, dans cette infériorité accidentelle que la nature désavoue, un sujet de comparaisons humiliantes et de perpétuelle irritation. »

On oublie seulement que, quels que soient les soins préventifs d'un gouvernement, il y a toujours une foule d'hommes portés à croire que leur position n'est pas en rapport avec le développement de leur esprit et surtout avec les illusions de leur vanité ou de leur ambition. Double péril, puisqu'au-dessous de ces nombreux mécontents s'agitent les masses populaires, ignorantes et dépourvues de toute moralité, d'autant plus faciles à égarer, et toujours prêtes à donner tête baissée dans les sophismes et les suggestions du premier venu qui veut en faire l'instrument de ses prétentions.

Inutile de dire que la liberté de la presse est inconnue à Naples et que les sincérités de la plume y sont plus redoutées encore que celles de la parole. En cela du moins, le royaume des Deux-Siciles est supérieur à certains pays qui, après avoir conquis cette liberté par une révolution, ont jugé bon de s'en débarrasser comme d'un luxe inutile ou dangereux. Comme corollaire indispensable de cette négation, la censure est d'une rigueur suffisante pour arrêter les élans malencontreux de l'esprit ou de l'imagination. Elle découpe avec une étonnante dextérité toutes les publications, pour lesquelles le gouvernement montre une sollicitude des plus touchantes.

Depuis assez longtemps déjà, la profession

d'écrivain n'était que la lutte de la ruse contre la force; mais, depuis 1848, les sévérités de la censure sont devenues telles, qu'il a fallu se résigner à n'avoir pas d'imagination et à n'émettre aucune idée originale.

Dès lors, on ne saurait s'étonner de voir se réduire à si peu de chose l'influence des auteurs indigènes, et celle des étrangers augmenter à proportion. Malgré les sympathies nationales, malgré cette espèce d'entente à demi-mot et de communion de pensée qui rapproche le public des écrivains italiens, ces derniers, obligés de limer et de peser chaque phrase *pour la faire passer*, luttent dans des conditions d'infériorité qui assurent la victoire aux étrangers. Toute l'ambition des auteurs napolitains ne va qu'à produire sous des mots couverts quelques traits intéressants et empreints d'actualité; la censure répond à cette ambition par une susceptibilité aussi intolérante que puérile. On en jugera par les exemples suivants : l'auteur d'une comédie est mandé à la censure. Ses juges critiquent avec la dernière sévérité jusqu'à la moindre syllabe qui peut prêter à une allusion politique ; l'auteur répond victorieusement, et cependant il est éconduit avec ces mots : « Vous avez mis trop d'esprit dans votre pièce; éteignez un peu ces étincelles intempestives, puis nous verrons. »

Un autre a vu la représentation de sa pièce mise en question, parce que, dans un dialogue entre deux personnages, l'un se plaignait du délabrement de sa *constitution*. Combat puéril et sans honneur sur un champ de bataille jonché d'œuvres littéraires dont plusieurs auraient mérité de vivre. Un professeur, fort bien noté cependant, avait entrepris un travail utile et plein des meilleures intentions. C'était la traduction d'un excellent article de Gustave Planche sur la peinture et sur les erreurs de l'école réaliste. La censure ne manqua pas d'y trouver des coupures à faire; elle en retrancha notamment une phrase dans laquelle il était question de la nature inanimée, sous prétexte que ces mots voilaient une pensée d'athéisme.

On ne doit donc pas s'étonner qu'aucun article ne révèle chez son auteur une portée d'esprit un peu saillante, une physionomie originale et piquante, une ombre de hardiesse ou d'indépendance dans la façon de rendre sa pensée.

D'un autre côté, la censure laisse passer, et couvre au besoin de sa protection, des ouvrages qui préconisent l'obscurantisme le plus exagéré. L'un de ceux qui m'ont le plus frappé, sans me convaincre toutefois, s'attachait à démontrer combien il serait dangereux d'apprendre au peuple à lire et à écrire. Un autre, intitulé *Catechismo politico-morale*, est destiné à combattre la propagation des idées libérales et à assurer le triomphe des principes monarchiques. Ces principes sont émis sous forme de dialogue :

« DEMANDE. — Définissez la monarchie.

» RÉPONSE. — C'est un pouvoir né, non créé, qui coexiste avec le droit, mais n'est pas conféré par le droit. S'il était conféré par le droit, ce serait une magistrature et non pas une monarchie.

» D. — Mais les rois ne sont-ils pas parfois des tyrans?

» R. — Ce sont des calomnies de bouches folles ou ridicules; les torts ne viennent jamais des rois, mais bien de notre corruption et de notre malice.

» D. — Le peuple peut-il être son propre législateur ou prétendre à des réformes politiques?

» R. — Il a montré comment; témoin Danton, Robespierre, Saint-Just et la Convention nationale de néfaste mémoire.

» D. — Pourquoi nos ancêtres étaient-ils plus heureux ou moins malheureux que nous?

» R. — Parce qu'ils imploraient tout des princes et n'obtenaient ainsi que des choses utiles et justes.

» D. — Quelle est la plus belle gloire des Napolitains?

» R. — Celle d'être fidèles au roi, etc., etc. »

Telle est la substance des platitudes auxquelles le gouvernement accorde sa protection.

Cependant, en dépit de ces motifs de réserve et de ces obstacles multipliés, il y a, chez les Napolitains, un fonds si réel de vitalité intelligente, que les publications littéraires ou scientifiques sont aussi nombreuses, peut-être plus nombreuses à Naples que dans aucune autre ville d'Italie. Je ne fais allusion qu'à la quantité et non à l'intérêt et à l'importance des publications. Néanmoins, certaines revues périodiques renferment parfois des articles remarquables autant par le style que par les idées. L'une d'elles, *il Giambattista Vico*, se publie sous le patronage de S. A. R. le comte de Syracuse, ce qui, d'ailleurs, n'est qu'un titre de plus aux attentions bienveillantes des terribles censeurs. Dans un article récent, on y énonçait cette proposition : « Que l'état de la littérature d'une nation était un indice certain de sa situation politique. » La censure fit quelques observations ; mais elle laissa passer l'article lorsqu'on lui représenta qu'il n'avait été écrit qu'à propos des peuples de l'antiquité. En effet, dès qu'on parle ici d'héroïsme, de liberté, ou de quelque aspiration qui pourrait faire tache sur le fond de la servilité publique, c'est toujours des Grecs et des Romains qu'il s'agit; tout au plus les romanciers et les auteurs dramatiques se hasardent-ils à mettre en scène des épisodes du xiiie ou du xive siècle.

Les sciences, ainsi qu'on l'a vu déjà, obtiennent aussi peu de faveurs que les lettres. Deux des astronomes les plus distingués de l'Italie, MM. Nobile et Capocci, successivement directeurs du bel observatoire de Capo-di-Monte, ont été révoqués de leurs fonctions pour avoir manifesté quelques idées politiques entachées de libéralisme. Les sept nouvelles planètes écloses sous le ciel de Naples n'ont point été découvertes par le directeur actuel, mais bien par M. de Gasparis, astronome sans rapports officiels avec l'observatoire.

La *specola* du Vésuve est munie de beaux instruments météorologiques; mais le directeur est si faiblement rétribué, qu'il peut à peine s'en occuper. Quelques centaines de ducats sont accordées chaque année à ces établissements. La munificence royale s'adresse de préférence aux congrégations religieuses. Le firmament est délaissé pour le ciel spirituel, représenté par de gros moines ignorants et paresseux.

Une des mesures qui blessèrent plus particulièrement les Napolitains, sous le gouvernement de Murat, fut la suppression des conservatoires de musique. A leur retour, les Bourbons réparèrent cette faute; mais, depuis la dernière révolution, pendant laquelle les élèves avaient jeté leurs instruments pour prendre les armes en faveur de la république, le Conservatoire, bien que maintenu, a vu diminuer ses ressources et disparaître toutes les faveurs dont il jouissait auparavant. La direction en est encore aujourd'hui confiée à Mercadante, qui ne doit pas être très-satisfait des progrès de son jeune personnel. Dans un concert extraordinaire, j'ai entendu exécuter fort médiocrement l'ouverture de *Guillaume Tell*, œuvre d'une portée contre laquelle est venue échouer l'intelligence musicale des élèves.

III

On a beaucoup parlé de l'encouragement accordé par le gouvernement à de grandes entreprises industrielles et financières, dont la réussite n'intéressait pas moins la prospérité nationale que celle des particuliers. Là encore, nous trouvons que des intentions excellentes n'ont abouti qu'à l'insuccès et à la ruine des entrepreneurs, l'incurie ou le mauvais vouloir de l'administration ayant rendu impossible l'exécution des œuvres qu'elle avait paru d'abord encourager.

Une société de propriétaires s'était formée,

en 1817, pour le desséchement partiel du lac Fucino ; elle avait régulièrement demandé et obtenu la concession de cette utile entreprise ; mais, épuisée par une lutte de plusieurs années contre les difficultés suscitées par les communes, aussi bien que par le pouvoir central, elle fut réduite à l'abandonner, après avoir subi toute espèce de désagréments et la perte de la plus grande partie de son capital. Il y a quelques années, un riche banquier de Rome s'est rendu acquéreur des droits de la Compagnie, et, avec le concours d'un habile ingénieur suisse, M. de Montricher, il a réussi à commencer l'exécution du vaste projet dans lequel avaient échoué ses prédécesseurs.

Une autre compagnie, sous la dénomination de *Tavogliere de la Pouille*, s'était également constituée avec l'autorisation de l'État, au capital de deux millions de piastres, dans le but de venir en aide aux possesseurs du sol et de développer l'agriculture sur toute la surface du royaume. Ses statuts lui permettaient de faire des avances aux propriétaires, d'exploiter des terres, d'en exporter les produits, etc., etc. Le désordre et les malversations ne tardèrent pas à s'introduire dans le sein de cette administration. Des prêts de faveur, sans aucune garantie hypothécaire réelle, des acquisitions qui ne marquaient que trop la coupable connivence entre les parties contractantes, tout concourut à la ruine de la Compagnie, et il s'ensuivit tout un cortége d'accusations réciproques et de procès scandaleux. Il ne resta plus au comité directeur qu'à réunir les actionnaires et à leur apprendre que, par suite de diverses *disgrazie*, leur capital avait disparu.

A la même époque, quelques propriétaires avaient cherché à former des colonies agricoles en Sicile, sans réussir davantage, par suite du défaut d'impulsion et de prévoyance de la part du gouvernement, toujours prêt à entraver la sortie des produits du sol, comme à prohiber l'entrée des outils et des idées.

Nullement découragée par ces déplorables

précédents, une nouvelle compagnie financière et industrielle, fondée par des capitalistes français et nationaux, s'est constituée en 1847, dans un but à peu près semblable à celui de la Tavogliere, mais avec des éléments beaucoup plus sérieux et plus dignes de confiance. Le roi lui a donné son auguste approbation ; mais ses statuts, confiés à l'examen du conseil d'État, restent enfouis dans ses cartons, d'où les sollicitations des hommes distingués, mais peu influents, placés à la tête de la Compagnie, n'ont pas encore eu le pouvoir de les tirer depuis dix ans. Personne n'ignore que, par la vertu de quelques milliers de piastres, ces statuts, examinés et approuvés, ne tarderaient pas à revoir la lumière ; malheureusement, ces directeurs sont d'honnêtes gens, et les statuts risquent fort de demeurer à jamais une lettre morte. A Naples, l'intégrité a d'autant plus de mérite qu'elle y est presque toujours un gage d'insuccès.

La grande puissance du jour, celle des chemins de fer, n'a pas mieux réussi à faire fléchir la ligne de conduite de Ferdinand. Ne pouvant empêcher l'invasion de nouveautés soutenues par l'opinion du monde entier, il a adopté les projets, encaissé les cautionnements; puis, quand il s'est agi de l'exécution, il a fait naître des embarras inextricables : si bien qu'avec de nombreux tracés, depuis quinze ou vingt ans, les Deux-Siciles ne possèdent encore que quelques lieues de chemins de fer.

En se promenant sur le rivage de Chiaja, on peut se faire une idée assez exacte de la manière dont le gouvernement s'entend aux travaux publics. Depuis plusieurs années, il a décrété l'agrandissement de la Villa-Reale; en vertu de ce décret, de nombreux ouvriers sont employés à transporter sur le rivage de la terre et des matériaux; mais les précautions ont été si mal prises, qu'au fur et à mesure qu'on apporte ces matériaux, le flot les entraîne. L'action destructive de la mer se joignant à l'ineptie plus nuisible encore des conducteurs des travaux, la Villa-

Reale ne pourra de longtemps recevoir l'extension qui lui est promise. Il en est ainsi du tunnel de Pizzo-Falcone, dont le percement a été décidé dans le but de fournir les matériaux nécessaires à la construction de l'hôtel d'un général influent.

Ce grand travail d'utilité publique ne s'achèvera pas avant qu'un intérêt particulier vienne suppléer à l'incurie administrative. Près de là, et pour imiter Paris, on a percé une petite rue; mais on a mis beaucoup plus de temps à la déblayer seulement qu'il n'en a fallu pour construire la rue de Rivoli ou le boulevard de Sébastopol.

C'est à ce même esprit d'inertie que nous dûmes la visite des commissaires qui venaient s'assurer, en février 1858, si le tremblement de terre du 16 décembre 1857 n'avait point compromis la solidité des maisons et si elles ne menaçaient pas ruine. Mesure très-sage si elle eût été prise immédiatement, mais qui, au bout de plusieurs mois, n'était qu'une dérision, ou un prétexte à *buona mano*. C'est encore en vertu du même système que l'on refusait des passe-ports à de généreux étrangers impatients de porter des secours aux victimes du terrible cataclysme qui venait d'engloutir 20,000 personnes et de réduire à la plus pressante misère des populations tout entières, tandis qu'on envoyait sur les lieux des ordres tels, que les pauvres survivants ont pu dire que les soldats du roi leur avaient fait autant de mal qu'un second tremblement de terre, en pillant ce qu'avaient laissé d'autres hordes de bandits. En présence de ces horreurs, on se rappelle involontairement le mot d'Attila ordonnant aux Romains de lui apporter leurs trésors. « Que nous laisseras-tu donc? » lui demandaient les vaincus épouvantés. « La vie! » répondit le barbare, du ton dont il leur eût accordé une grâce.

Les soldats napolitains, avides et indisciplinés, se montrèrent tout juste aussi généreux qu'Attila, générosité superflue envers beaucoup de ces infortunés, qui, après avoir été épargnés par le désastre, moururent de faim et de froid sur les ruines de leurs habitations.

IV

Une des attributions les plus importantes du ministre de l'intérieur est l'administration des hospices et autres établissements de bienfaisance. Le plus remarquable est l'*Albergo de' poveri*. Dans la pensée de Charles III, qui l'a fondé, comme la plupart des grands monuments de la capitale, il devait recevoir douze à quinze mille pauvres. Le tiers de l'édifice seulement est terminé. Tous les indigents y ont accès; mais, parmi les cinq à six mille mendiants, plus ou moins valides, qui peuplent les rues de Naples et de ses faubourgs, il en est très-peu qui ne préfèrent leurs haillons et leur existence vagabonde au bien-être relatif qu'ils trouveraient dans le splendide palais que la munificence des rois leur a élevé. Qu'on ne les blâme pas trop, qu'on les plaigne moins encore; nous voyons leurs besoins, ils ne les sentent pas. Ils ont le soleil et la liberté, qui si souvent nous font défaut l'un et l'autre.

Six ou huit mille enfants des deux sexes trouvent, dans cet établissement, un asile et une éducation qui les rendent aptes à vivre de leur travail lorsqu'ils en sortent. Toutes les professions manuelles y sont enseignées. J'ai vu dans chaque salle un professeur entouré de deux ou trois cents enfants aussi babillards et aussi distraits que leur maître. Une des nombreuses salles est destinée à l'enseignement des arts plastiques; j'ai été surpris de la trouver à peu près vide. Cet établissement est fondé sur les mêmes bases que celui de la Martinière à Lyon, mais il est infiniment plus vaste et plus complet. Ce serait certes une des plus belles choses du monde si les défauts inhérents à l'esprit napolitain n'étaient venus tout gâter et tout compromettre. Le sentiment du progrès et de la responsabilité morale ont fait place au laisser aller, à l'incurie, à la routine et à la malpropreté, le tout déguisé sous une apparence de grandeur, d'ordre et de dévouement au devoir.

La science appliquée au surdi-mutisme y est seule en progrès, de même que l'éducation des aveugles. Certes, rien n'est plus louable ni plus digne d'encouragement que ces efforts pour soulager une des plus grandes afflictions de la nature humaine; mais c'est à la condition qu'on ne s'occupera pas activement de quelques malheureux aveugles ou sourds-muets pour avoir le droit de négliger ceux qui ont des yeux et des oreilles.

L'hôpital de Santa-Maria della Vita est une des dépendances de l'*Albergo de' poveri*. J'en ai visité les différentes salles, au nombre de six ou sept. Elles sont, en général, bien emménagées et renferment près de quatre cents lits. J'y ai trouvé une propreté inattendue, un confort et une atmosphère de gaieté et de satisfaction trop rares dans un hôpital. Au moment de mon entrée dans la chapelle, je fus accueilli par les chants destinés à fêter le passage des *forestieri*. Le groupe des chanteuses se détachait gracieusement sur les vitraux coloriés d'une large fenêtre en ogive. Au dernier plan, des enfants et des jeunes filles jouant du violon me rappelaient les anges aux poses naïves des tableaux du vieux Cimabue. Des appartements spéciaux sont affectés aux personnes tombées dans la misère après avoir connu la fortune. Les attentions les plus délicates leur sont prodiguées. Je ne dois pas omettre de consigner ici que le mérite de cette bonne organisation revient surtout à la supérieure, Française dont le caractère de décision en même temps que l'extrême bienveillance m'ont laissé un excellent souvenir.

Il n'en a pas été de même dans les autres hôpitaux ou établissements philanthropiques que j'ai visités. Partout j'ai trouvé les vues bienveillantes des fondateurs dénaturées par l'insouciance de ceux qui sont chargés de les mettre à exécution. Et cependant, je le répète, partout j'ai reconnu un certain désir de faire le bien, de soulager l'humanité souffrante, de pratiquer tous les grands devoirs de la charité chrétienne. Je ne parle pas de l'aumône qui répond à la mendicité, qui l'encourage et l'alimente, mais de la charité s'exerçant sur l'indigence individuelle qui ne se montre pas dans la rue et dans ces grands foyers de misères et de douleurs que recèlent les hôpitaux et les divers établissements de bienfaisance.

L'étranger qui traverse Naples n'aperçoit que la mendicité; son cœur s'indigne et se soulève; il ne voit pas cet immense réseau de charité qui enveloppe la ville. C'est une face vraiment intéressante des mœurs et des dispositions de ses habitants : c'est le meilleur côté de leur physionomie morale, et celui pourtant dont le touriste se soucie le moins. De tous les peuples civilisés, le peuple napolitain est celui qui est demeuré le plus rapproché de l'état de nature. L'instinct le dirige plus que le raisonnement, et les passions plus que l'intelligence. Sa charité se ressent de ces dispositions; elle porte aussi l'empreinte de ses croyances religieuses, dont le propre est de donner aux œuvres pies un tel mérite, que, par elles, toutes les iniquités sont effacées. Pour quelques-uns, la charité est un devoir et une satisfaction du cœur; pour tous les autres, c'est une expiation. Aussi est-elle généralement pratiquée sans la moindre ostentation, et parfois même avec une simplicité et une humilité touchantes. On a vu des gens pousser cette vertu jusqu'au fanatisme et ruiner leur famille pour enrichir un hôpital.

Lors de ma visite à l'un des établissements que je viens de nommer, je remarquai un petit vieillard à l'extérieur humble et chétif, qui paraissait, au milieu des malades, comme un père entouré de ses enfants.

« C'est, me dit la supérieure, un personnage important qui, le jour de mon installation à la tête de cet hospice, me remit une somme de cinquante mille francs pour être employée comme je le jugerais à propos. En même temps, il m'annonça que d'autres offrandes suivraient la première, à mesure que le besoin s'en ferait sentir. »

Pour se montrer si charitable, il fallait, suivant les idées napolitaines, que ce digne homme eût commis de bien grands crimes.

A l'*Albergo de' poveri*, une surprise m'attendait. Je prenais congé de la sœur supérieure, et, l'usage ne permettant pas de laisser une trace immédiate de son passage, je me contentais de lui adresser mes remerciments, lorsque je me vis offrir un fort beau buvard brodé d'or et d'argent par les pauvres ouvrières de l'hospice. Un visiteur étranger recevant un don d'un établissement de bienfaisance napolitain, cela bouleversait tellement toutes mes idées, que j'avais peine à en croire mes yeux; mais cette offrande m'était présentée avec tant de naturel et de gracieux empressement, que je ne pus me dispenser de l'accepter. Certains esprits perspicaces ou chagrins supposeront que ce témoignage de considération n'était pas tout à fait désintéressé, et que c'était là un de ces présents qu'on place à gros intérêt; mais cette supposition n'est guère admissible, puisque le gouvernement subvient largement à toutes les dépenses de ce genre d'établissements. Les dotations dont ils jouissent ont été converties, comme cela commence à se faire aujourd'hui chez nous, en inscriptions sur le grand-livre ou en subsides annuels que le ministre des finances leur accorde. Parfois, le roi intervient lui-même pour combler les déficits de leurs budgets, déficits qui ont presque toujours leur source dans des désordres administratifs, souvent prévus, rarement empêchés. Un des directeurs fit beaucoup parler de lui il y a quelques années. La *consulte* d'État résolut de vérifier ses livres, et découvrit qu'il s'était rendu coupable de détournements et de fraudes considérables ; mais, comme ce digne homme était dans les meilleurs termes avec le clergé, le roi consentit seulement à sa révocation, sous la condition expresse qu'aucun procès ne serait intenté à cet intéressant personnage. Comment ne pas aimer un gouvernement si paternel !

V

Les lois menacent de peines sévères les malversations et les fraudes administratives, et cependant ce genre de délit est si commun à Naples, qu'il semble avoir passé dans les mœurs les plus intimes de la population. Depuis les hauts fonctionnaires jusqu'aux plus infimes employés, une vénalité chronique a tout envahi. Avec la connaissance de ces usages et l'art fort répandu d'obtenir, grâce à la protection du portier, ce que refuse le ministre, on est assuré de réussir dans toute espèce de démarches. Les demandes et les promesses se font et s'obtiennent au moyen de quelques paroles prononcées à voix basse et à la dérobée, ou par des signes mystérieux échangés entre des personnes de rangs souvent fort inégaux.

Entente clandestine, honteux acquiescements, qui marquent une absence totale de dignité et de délicatesse de conscience. De ces vicieuses dispositions, on pourrait conclure que, dans un pareil pays, l'administration financière doit être presque impossible. Cependant, sauf les détournements et les petites spéculations des agents des douanes, de la loterie royale et de quelques autres perceptions, le recouvrement des deniers publics s'opère assez régulièrement. Il est vrai que ce point important attire toute la sollicitude de l'autorité et celle du roi en personne, qui se montre toujours plus exact à contrôler les opérations de la finance que celles de la justice. Le gouvernement est, d'ailleurs, très-fécond en expédients ingénieux quand il s'agit de se procurer des ressources pécuniaires. Pourvu qu'il ne touche pas à trois choses auxquelles aucune administration napolitaine n'osa jamais porter atteinte, les loteries, les macaronis et Polichinelle, il peut se livrer aux fantaisies les plus inattendues. L'une d'entre elles, dont j'ai beaucoup entendu se plaindre à Naples, consiste à imposer, sous les prétextes les plus futiles, une quarantaine aux navires d'un pays dont les provenances sont nombreuses. D'un coup de filet, on ramasse ainsi vingt ou trente navires que l'on consigne au lazaret, en établissant des droits exorbitants sur le navire, sur les marchandises et sur les passagers.

Ces derniers sont parqués dans de petites chambres sans meubles, tarifées à deux ou trois piastres par jour. Le directeur de cette espèce de retraite improvisée pousse l'attention jusqu'à envoyer à ses hôtes un tapissier, un restaurateur et autres gens fort utiles. Grâce à eux, les malheureux passagers peuvent se procurer les choses nécessaires à la vie ; mais c'est à un prix qui témoigne du vif intérêt qu'inspire au gouvernement la prospérité de ses finances.

DE L'ESPRIT NATIONAL

DE L'ESPRIT NATIONAL

Il est certaines conditions spéciales dont on doit tenir compte si l'on veut apprécier sainement le caractère des habitants du royaume de Naples, et qui résultent du mélange des races nombreuses et d'origines très-diverses qui ont successivement envahi ces contrées et s'y sont superposées aux populations primitives. Ce mélange, plus souvent renouvelé et plus persistant peut-être que chez aucune autre nation, mérite d'autant plus d'être signalé, que, par lui, s'expliquent beaucoup de modifications survenues dans les institutions, dans les mœurs et dans les croyances religieuses; il donne la clef de la plupart des anachronismes administratifs et de ces inconséquences populaires qui semblent faire de ce gouvernement une énigme de siècle en siècle plus embrouillée.

Dans le seul rayon de Naples, on démêle les descendants de huit ou dix races. Chacune d'elles a apporté aux races antérieures des altérations dont les traces sont encore apparentes. La langue et la physionomie du peuple en ont conservé l'empreinte. Ainsi, à Pouzzoles, où vint s'établir une colonie arabe, et à Nocera, occupée pendant longtemps par les mercenaires sarrasins au service des rois de Naples, on entend encore résonner des intonations et des mots arabes. A Salerne, quelques mots normands rappellent la conquête des hardis aventuriers qui, après avoir sauvé cette ville d'une redoutable invasion des Sarrasins, en conservèrent un si bon souvenir, qu'ils revinrent plus tard s'en emparer par trahison.

Quelques sonores exclamations échappées à la bouche des lazzaroni trahissent une origine espagnole. Moins prolongées que d'autres, les occupations françaises ont laissé peu de traces; à Naples encore moins qu'en Sicile, où le vieux français se retrouve seulement dans des villages écartés, comme un témoignage intéressant de la protection qu'y rencontrèrent les fugitifs de Palerme et de Catane lors des Vêpres siciliennes. Plusieurs des principales familles du pays comptent parmi leurs ancêtres des seigneurs ou des aventuriers normands, français (de la première occupation) et espagnols. Cette diversité d'origine du peuple pris dans son ensemble, et celle non moins remarquable des dynasties qui se sont succédé sur le trône, expliquent le peu de cohésion des Napolitains entre eux et l'absence complète de cette solidarité de sentiments et d'intérêts qui constitue le patriotisme.

En France, il n'y a que des Français; dans le

royaume de Naples, il y a de tout excepté des Napolitains. Cette nation, si l'on peut appeler de ce nom une agglomération confuse de villes et de provinces que ne relient aucune conformité de vues, aucune aspiration vers une destinée commune; ce corps hétérogène n'a été jusqu'ici, et ne sera peut-être longtemps encore qu'une « expression géographique. » Il ne sent pas circuler dans ses veines ce souffle vivifiant, cette vitalité puissante, qui donnent aux sociétés politiques une valeur indépendante du plus ou moins d'étendue de leur territoire, et portent leur influence par delà ses frontières.

II

De tous les peuples de l'Italie, le peuple napolitain est celui dont la physionomie présente le plus d'originalité; mais c'est surtout dans les classes inférieures que cette originalité s'est conservée. Pleins de vivacité dans leur insouciance habituelle, d'enjouement et de gaieté triviale dans leur misère plus triviale encore, les Napolitains des basses régions ne semblent avoir d'autre souci que de satisfaire leurs goûts de paresse et de dissipation. Sans culture aucune, leur esprit naturel les rend propres à tout; mais, par suite de la mollesse de leur caractère, pouvant faire tout ce qu'ils veulent, ils ne parviennent à rien. L'ambition ne les trouble point, et l'opinion publique n'existe pas pour eux; aussi l'existence leur semble-t-elle légère comme leur fortune. Les besoins du lazzarone, indolent et très-peu vêtu, ne vont jamais au delà du produit de son travail, qui n'équivaut pas certainement à la cinquième partie de celui d'un journalier du nord de la France; il se repose souvent sans avoir rien fait, et sa vie spirituelle n'est pas plus pour lui un sujet de préoccupation que ses vêtements et son logis. Au premier abord, le

Napolitain des rues paraît à peine civilisé ; mais, pour peu qu'on l'observe, on reconnaît bientôt que, s'il a le masque grimaçant et grossier de son ami Polichinelle, il en a aussi la pénétration et l'astuce.

Il y faut joindre cette faculté de tout dire avec un signe ou un mot, et de deviner du premier coup les dispositions, les goûts et les opinions de l'homme avec lequel il parle, surtout s'il a quelque chose à en attendre.

Ses notions sur la liberté politique sont extrêmement bornées, et il est certain que, telle qu'il la comprend, il n'est aucun peuple qui ait le droit se croire plus libre que lui. Liberté oblige, elle crée des devoirs qu'il ne saisit pas. La rue lui appartient, il y fait ce qu'il veut, il crie, il danse, il se bat, il est mal vêtu, au besoin il ne l'est pas du tout : voilà sa liberté. Aussi la vraie liberté, celle qui civilise et élève le niveau moral, n'a-t-elle jamais trouvé de partisans parmi les lazzaroni.

A deux reprises, ce pays a été doté du régime

parlementaire ; mais ces constitutions éphémères n'ont pas tardé à faire place au gouvernement despotique et traditionnel, dont la restauration a pu s'opérer sans rencontrer de résistance sérieuse. En 1823, comme nous l'avons déjà vu, la constitution fut supprimée par Ferdinand Ier, et, en 1848, après quelques mois d'un essai infructueux, Ferdinand II suspendit celle qu'il venait d'octroyer sous le coup d'événements qui ne lui avaient pas laissé, il est vrai, le mérite de l'initiative. Plusieurs publicistes ont étudié cette rapide réaction. L'un d'eux, M. F. Gondon, dans un ouvrage publié en 1857, résume assez bien l'opinion des partisans de ce mouvement rétrograde. Après avoir cherché à se rendre compte de la faiblesse et de la chute si rapide du gouvernement représentatif, il conclut en affirmant que tout homme de bonne foi conviendra avec lui de l'impossibilité de ce régime. « Les classes inférieures, dit-il, n'ont jamais songé à obtenir ce qu'on appelle des droits politiques. Qu'on vante le système parlementaire et ses avantages, je le comprends; mais qu'on ait soin, avant de doter les peuples italiens de constitutions si séduisantes, de leur donner l'éducation qui leur manque, et de créer chez eux tous les éléments politiques et sociaux qui, en d'autres pays, ont concouru au développement et au maintien du régime constitutionnel. On ne saurait vouloir la fin que l'on ne veuille aussi les moyens; or, ces moyens n'existent pas plus à Naples que dans les autres parties de la Péninsule. Les Napolitains ont la seule forme de gouvernement qui puisse leur convenir. »

Cette conclusion est sans doute de nature à satisfaire les partisans du régime actuel plus que le peuple si cavalièrement taxé d'impuissance politique. Quoi qu'il en soit, la thèse est nettement posée. Le gouvernement et ses amis connaissent le mal; mieux encore, ils en connaissent les causes. Le peuple, suivant eux, est trop ignorant pour comprendre et, par conséquent, pour réclamer ses droits. Il est dépourvu de l'éducation et des moyens de développement dont jouissent d'autres peuples. Ce point demeure établi. Il semblerait donc qu'un roi qui, suivant l'auteur déjà cité, « n'est point un monarque fainéant, occupé des affaires de sa famille au détriment des affaires publiques et des intérêts de l'État, mais qui, au contraire, veille avec une constante sollicitude au bonheur de ses sujets, » qui descend humblement du trône pour s'assurer par lui-même de leurs besoins, il semblerait, dis-je, que ce roi dût mettre sa gloire à les initier à cette éducation politique qui leur fait défaut, et à accélérer par tous les moyens possibles le développement de leurs progrès moraux et intellectuels.

La tâche lui serait, d'ailleurs, facilitée par les dispositions générales des populations, car « il est douteux qu'on puisse trouver dans toute l'Europe un peuple plus doux, plus susceptible d'attachement et de contrôle que le peuple napolitain (1). » Ce n'est pas que quelques nuages

(1) Gladstone, *Lettres sur l'Italie.*

n'obscurcissent ce ciel, en apparence si serein, et on pourrait objecter, l'histoire en main, que la très-fidèle ville de Naples en est à sa quarante et unième révolution ou émeute; mais cette objection même ne fait que rendre plus évidente la nécessité d'une prompte réforme dans le régime despotique dont les excès font naître ces orages, et dans le régime d'abêtissement national qui les rend si fréquents et si dangereux.

Malheureusement, nous avons déjà vu combien les faits sont loin de répondre à ces prévisions si naturelles. Au lieu de répandre et d'élever l'enseignement, de faire fleurir les études et les universités, le gouvernement ne semble préoccupé que d'amoindrissement intellectuel et de répression politique; au lieu de réunir les éléments qui pourraient suffire, encore aujourd'hui, à produire une renaissance littéraire et scientifique, il s'attache à les tenir dispersés en leur refusant non-seulement la liberté, mais encore les encouragements si nécessaires, même dans un pays où les besoins de la vie matérielle sont réduits à leur plus simple expression. On humilie de pauvres professeurs quand on ne daigne pas les exiler. En un mot, nous avons vu que toutes les manifestations de l'intelligence étaient suspectes au gouvernement, qui n'y voit qu'un appel aux passions révolutionnaires. C'est au nom de sa sollicitude pour les besoins du peuple qu'il proscrit la poésie, les arts et les sciences, comme si la poésie, les arts et les sciences, n'étaient pas aussi des besoins.

L'art de gouverner, c'est-à-dire de conserver en progressant, est devenu pour le roi l'art de conserver en reculant. Pour vérifier l'exactitude de cette assertion, il suffit de jeter les yeux sur la société napolitaine. Ce n'est pas seulement dans le peuple, c'est dans toutes les classes de la société que règne une sorte d'atonie intellectuelle et morale. Partout, le sentiment du devoir, l'amour de la vérité, l'activité de la pensée sont plongés dans un sommeil qui ressemble à la léthargie; partout est négligé le côté sérieux de la vie, au profit de tout ce qui est léger et frivole, de tout ce qui agite le cœur sans réchauffer l'âme. La noblesse, en particulier, présente d'une manière frappante les lacunes que je viens de signaler dans l'éducation, et qui rendent ses membres, si intelligents d'ailleurs, inhabiles à triompher de tant d'influences pernicieuses. Un ami maladroit en parlait récemment en ces termes : « Il faudrait, dit-il, bien mal connaître l'aristocratie napolitaine pour ne pas savoir que ses membres, si dévoués à leur roi et si distingués d'ailleurs, n'ont pas été élevés pour figurer dans un sénat ou dans un corps législatif. En général, ce serait leur rendre un très-mauvais service que de vouloir les transformer en législateurs. Mieux vaut mille fois les laisser servir le roi de leur épée et se rendre utiles à leur pays par les bons offices de toute nature que de grands seigneurs, riches et intelligents, peuvent multiplier autour d'eux. »

Ne croirait-on pas entendre le langage qu'on parlait sous le grand roi? Très-naïvement, et pour dire du bien des gens, on nous ramène de deux siècles en arrière; heureusement qu'aujourd'hui on ne pense pas tout à fait de même. Il est généralement reconnu qu'il y a pour la noblesse autre chose à faire que de porter sans cesse de grands coups d'épée ou de perdre son temps dans les antichambres du souverain; on ne trouve point mauvais qu'elle cherche à conquérir dans l'État, par la pensée et l'instruction, une place au moins aussi honorable que celle qu'elle tient de la naissance.

Mais, si notre auteur se trompe de date dans son appréciation administrative de tout à l'heure, en revanche il ne pouvait apprendre à la noblesse napolitaine, en termes plus courtois, que ses amis la tiennent pour parfaitement inepte et ignorante. Il n'est que trop positif que, sauf un certain nombre d'individus non moins remarquables par l'élévation de leur caractère et la distinction de leurs sentiments que par l'étendue de leurs connaissances, la noblesse est généralement peu lettrée, et que sa décadence morale n'est pas loin d'égaler celle de sa fortune et de son influence.

Sans constituer un corps politique, puisqu'elle n'a plus aucun privilége, elle a conservé une ligne de démarcation bien tranchée entre elle et le reste de la nation. Elle affecte parfois les allures de l'indépendance et condamne l'ambition de gouverner, tout en regrettant le peu de part qui lui est laissée dans les grandes charges de l'État.

La situation qui lui est faite, et qui a toujours été en s'aggravant, la met en quelque sorte en dehors des conditions d'existence de la nation. Bien que possédant des palais qui sont des musées, elle a peu de goût pour les arts, moins encore pour la littérature. Quant aux sciences, c'est tout au plus si elle les respecte, de sorte qu'elle semble borner son existence aux intrigues de société et au luxe des équipages : c'est une faible ressource pour des hommes dont la plupart sont doués de tant d'esprit naturel et de qualités aimables.

Cette indigence dans les préoccupations de la

vie n'exclut pas toujours des vertus très-réelles et de louables et sincères aspirations ; mais cette société, corrompue un peu à la façon de nos roués du xviii° siècle, vaniteuse comme eux, mais moins égoïste, ressemble à une belle personne qui voudrait être sage et n'en a pas la force. Aussi n'est-ce pas seulement dans la noblesse qu'il faut chercher le germe d'un avenir meilleur, mais dans la classe intermédiaire, dans la bourgeoisie, bien qu'elle soit, quant à présent, dépourvue de prestige et qu'elle inspire peu de confiance.

La petite secte dont Poerio continue à être regardé comme le chef, n'est pas composée seulement de philosophes incrédules et de théoriciens révolutionnaires ; ces rêveurs et chercheurs de constitutions ne sont si durement qualifiés que parce qu'ils ont osé élever la voix contre les abus et la corruption, revendiquer les droits de la pensée et l'affranchissement de la conscience, nobles aspirations compromises par les exagérations qui ont toujours été fatales à l'Italie. Si la bourgeoisie exerce peu de prestige, c'est parce qu'elle est incomprise des masses ignorantes, c'est aussi parce qu'elle a été vaincue, puis littéralement décimée par les emprisonnements, l'exil et l'intimidation. Comment, d'ailleurs, cette pauvre bourgeoisie, si excessive dans ses prétentions, si maladroite dans l'application de ses rêveries constitutionnelles, chez qui la liberté engendre, dès qu'elle l'a obtenue, un esprit de vertige qui la lui fait perdre, comment, dis-je, pourrait-elle se montrer sous des traits plus dignes d'un peuple qui aspire à être libre? N'est-elle pas dépourvue de tous moyens de développement, privée de la vie publique, sans laquelle il ne peut y avoir ni force durable ni sentiment national?

De cet examen sommaire des différentes classes de la société napolitaine, il me paraît clairement résulter que, s'il est vrai qu'elles ne sont pas mûres pour le régime constitutionnel, le gouvernement use de tout son pouvoir pour retarder et empêcher cette maturité. Une des conditions fatales de cet état de choses, c'est que ce système de dégradante compression est suivi avec une habileté qui ne se dément pas un instant. Grâce à sa politique immorale, le despotisme a consommé l'anéantissement de l'esprit public; l'asservissement du peuple au roi a entraîné l'asservissement du roi aux idées d'une puissance étrangère. Dans ses démêlés avec ses sujets, il a toujours trouvé dans l'empereur d'Autriche un protecteur zélé, si bien qu'il offre ce singulier spectacle d'un roi qui, dans ses relations extérieures, ne fait pas cause commune avec son peuple.

Dans une des cérémonies de la fête de Pâques, on expose aux regards des fidèles un triangle garni d'un certain nombre de cierges. A un signal donné, un éteignoir s'avance lentement et les fait successivement disparaître en s'abattant sur eux à intervalles égaux. C'est l'image exacte du procédé adopté par le roi. Joseph II, l'empereur libéral et philosophe, disait : « L'éducation du peuple, c'est l'avenir. » Moins sage et moins généreux, Ferdinand II semble avoir résumé ses idées dans la négation de ce principe. Ne voulant pas que l'avenir diffère du présent, il ne se lasse point de comprimer les élans de l'esprit et les aspirations généreuses qui surgissent parfois en dépit de l'élément narcotique infusé à forte dose dans les veines du corps social. Toutefois, il y aurait injustice à ne pas mentionner, en terminant, deux choses auxquelles le roi prête son appui : un établissement consacré à l'éducation de jeunes Chinois, sans doute parce qu'il y a moins d'inconvénients à instruire des Chinois que des Napolitains ; et la vaste institution des confréries qui ont pour mission d'ensevelir gratuitement les morts : faveurs peu dangereuses que celles réservées aux Chinois, ou assez tardives pour n'atteindre l'homme que dans la tombe.

TRIBUNAUX, POLICE, PRISONS

TRIBUNAUX, POLICE, PRISONS

I

Il a fallu des siècles pour faire prévaloir et vulgariser ce grand principe, qu'une des conditions les plus importantes de la prospérité des nations consiste dans la prompte et impartiale administration de la justice. Le gouvernement du roi Murat, agissant d'après ce principe, avait établi un ordre judiciaire propre à faire respecter les droits du plus humble des citoyens aussi bien que ceux du plus puissant.

Au retour de leur exil, les Bourbons essayèrent de rétablir l'ancien ordre de choses; mais les avantages des lois en vigueur avaient tellement frappé le peuple entier, que les réclamations s'élevèrent de toutes parts et obligèrent Ferdinand Ier à sanctionner l'excellente loi organique établie par son ennemi abattu. Cette loi ne subit que quelques modifications dont le but était de la mettre plus en harmonie avec les mœurs du pays. On peut donc encore dire, relativement à l'ordre judiciaire, que le royaume de Naples est gouverné par les lois françaises, perfectionnées bien entendu, mais perfectionnées d'un façon telle, que, de lois protectrices des intérêts généraux, on en a fait un moyen de vénalité et un arsenal de despotisme. Sous prétexte d'augmenter les garanties des inculpés et de sauvegarder l'innocence, les moindres incidents des procédures donnent lieu à un examen traîtreusement minutieux. De là des lenteurs excessives, aggravées encore par certaines dispositions particulières à la procédure napolitaine, exigeant, sous peine de nullité, dans une affaire qui va être jugée, la présence de tous les accusés quelque nombreux qu'ils puissent être, de leurs défenseurs et des témoins. En outre, « suivant l'usage des cours de justice du pays, avant que le procès commence, les accusés sont autorisés à remettre au tribunal la liste de leurs témoins. Et, quand ils désirent retarder le procès ou entraver sa marche, les avocats font ordinairement le mauvais tour de mettre sur la liste des témoins à décharge les noms de personnes absentes, de princes du sang, de personnages haut placés, tels que ministres, ambassadeurs, juges des autres cours, etc. (1). » Il suffit donc de l'indisposition réelle ou supposée de l'un des accusés ou de sa mauvaise volonté, pour éterniser un procès.

Le plus souvent, les malheureux accusés succombent sous le poids de cet entassement de prétendues garanties. Les lenteurs interminables

---

(1) *Times*.

qu'elles entrainent font assez souvent que la détention préventive est beaucoup plus prolongée que celle résultant d'une condamnation. Assimilation par trop fraternelle de l'innocent et du coupable.

Non content d'avoir aussi efficacement protégé les intérêts des inculpés, le législateur n'a pas négligé ceux de la justice, en réservant dans les jugements la formule *non constat*. Cette formule commode est adoptée dans toutes les occasions où les présomptions qui pèsent sur le prévenu, ne paraissant pas assez fortes au tribunal pour autoriser une condamnation, lui paraissent néanmoins suffisantes pour motiver un acquittement conditionnel. L'accusé ainsi absous tombe de Charybde en Scylla. Il échappe à l'autorité judiciaire, mais l'autorité administrative s'en empare aussitôt. Pareille à cette statue de l'antiquité qui semblait vouloir caresser ceux qu'on lui présentait, et qui les étouffait en les embrassant, la haute police met la main sur les victimes du *non constat*, les plonge au fond de ses cachots, et les y oublie si bien, que bon nombre d'accusés se sont trouvés beaucoup plus à plaindre d'avoir été acquittés à demi, que s'ils eussent été rigoureusement condamnés. L'administration fait des *empare di polizia* le même usage que l'ancien régime français des lettres de cachet.

Les nombreux procès politiques n'ont offert que trop de témoignages des imperfections de l'administration judiciaire. Celui du 15 mai 1848 a dévoilé de bien étranges abus. Grâce aux minuties de l'instruction dont j'ai déjà parlé, le dossier de l'affaire est parvenu à un développement fabuleux; il ne formait pas moins de deux cent vingt-sept gros volumes, dont on se serait fait scrupule de détacher un feuillet; de telle sorte que les juges les plus consciencieux devaient, en arrivant à la fin du dossier, avoir totalement oublié ce que contenait le commencement. Si à cela on ajoute une contre-enquête judiciaire aussi rigoureuse que l'enquête, l'examen des personnes ou des noms de plus de deux mille deux cents témoins à charge et à décharge, presque tous bannis du pays ou exilés volontaires, enfin les cas d'absence des accusés pour cause de maladie, on ne sera pas surpris de la durée de ce gigantesque procès. Il y aurait plutôt lieu de s'étonner que tant de besogne ait pu être expédiée dans l'espace de quatre ans.

Tout récemment encore, le procès de Salerne, à propos du *Cagliari,* a mis en relief les incroyables défectuosités qui se produisent sous ce prétendu respect de la légalité. Si les gouvernements étrangers ne s'en étaient mêlés, les accusés seraient encore en prison, et les juges et procureurs auraient sans doute eu la satisfaction de faire atteindre à la procédure une centaine de volumes.

La cour suprême de justice, dont la juridiction s'étend à tous les tribunaux et à toutes les grandes cours du royaume, a essayé, mais en vain, de conserver intactes les traditions élevées et l'indépendance de la magistrature. Lors de ce même procès du 15 mai 1848, plusieurs de ses membres, frappés des illégalités dont le réquisitoire et le jugement étaient entachés, eurent le courage de se récuser et d'encourir la disgrâce royale. L'un d'eux, que j'ai particulièrement connu, n'a pu s'empêcher de me laisser voir combien, dans sa longue et honorable carrière judiciaire, sa conscience de juge et d'honnête homme avait été fréquemment blessée par les exigences iniques du gouvernement.

J'ai assisté à quelques séances de la haute cour et j'ai été surpris d'y voir des Napolitains parler et agir avec une consciencieuse gravité. Un avocat m'avait prévenu que, dans une de ces séances, on devait porter devant la cour une très-belle cause, un fratricide! Les avocats ressemblent aux médecins qui se pâment d'admiration à la vue de quelque horrible désordre du corps humain.

Je remarquai que la salle où se réunit cette cour appelée à réprimer les troubles sociaux était décorée d'une immense fresque, représentant je ne sais quel roi ou quel général qui s'empare de Naples et y met tout à feu et à sang, sujet fort peu en harmonie avec les notions de droit et de légalité dont cette salle est le sanctuaire.

Très-conservatrice et très-catholique, la haute magistrature napolitaine ne s'en est pas moins montrée en toute occasion opposée aux jésuites; elle repousse également le vasselage que Rome prétend imposer à ce pays. D'où il résulte qu'à Naples on ne la considère point comme assez catholique, tandis qu'à Turin on trouve qu'elle l'est beaucoup trop.

II

J'ai déjà dit quelques mots de la police. Cette branche intéressante de l'administration publique était chose presque inconnue à Naples avant le commencement de ce siècle; mais elle a pris depuis lors une extension merveilleuse, empiétant, comme nous l'avons vu, sur les attributions de l'ordre judiciaire, et se passant toutes les fantaisies d'un pouvoir sans contrôle légal. Sous le directeur Mazza, en 1855, elle est arrivée à son apogée. Au nom de la politique, elle faisait la chasse aux honnêtes gens; elle déclarait la guerre aux barbes, aux chapeaux et à certaines coupes d'habit réputées séditieuses. Elle se livrait à l'exercice de la bastonnade, et ses énormités ne connaissaient plus de bornes.

Le zèle de la police consistait, et consiste encore à tenir les prisons bien remplies, et surtout à rechercher les complots réels ou imaginaires, sans s'astreindre au soin par trop fatigant de distinguer l'innocent du coupable. Lord Palmerston n'a point exagéré en racontant, il y a quelques années, dans le parlement anglais, l'anecdote suivante : « A Naples, disait cet homme d'État, les personnes sont arrêtées et jetées en prison, non pour les punir de leurs actes,

mais à cause de leurs opinions politiques. Il y a de nombreux exemples de ces abus. Ainsi, je lisais l'autre jour un fait arrivé dans le pays, et qui vient, je crois, de bonne source. Cet exemple permettra de juger de ce qui se passe dans cette partie de l'Italie. Un homme très-respectable avait été arrêté dans une ville de province. Ses amis s'empressent d'accourir chez le préfet ou officier dépositaire de l'autorité quel qu'il soit, pour lui faire des remontrances et lui garantir la complète innocence du prisonnier. Il était, assurait-on, incapable d'avoir commis aucune faute; certainement, son arrestation était un malentendu. Quelle fut la réponse? « Il n'y a pas
» de méprise, » dit le magistrat, « nous savons
» qu'il est parfaitement innocent, comme vous
» le dites; il n'a commis aucun délit, et je n'ai
» pas la moindre accusation à porter contre lui.
» — Fort bien, » lui répliqua-t-on; « mais alors
» pourquoi l'avez-vous arrêté? — Ah! dit-il,
» c'est que j'ai été réprimandé par le gouver-
» nement comme manquant d'activité. On m'a

» reproché de n'avoir arrêté personne depuis
» longtemps, et, puisqu'il faut absolument que
» je mette quelqu'un sous clef, autant votre
» ami qu'un autre. »

C'est en vertu du même raisonnement que l'on arrête des jeunes gens coupables de s'être trouvés dans la rue de Tolède passé minuit. Ils sont emprisonnés, les uns pour un mois, les autres pour six, d'autres pour une année. A leur élargissement, ils demandent à connaître le motif de leur incarcération : *Ce niente, no so.* leur est-il répondu. Un des jeunes délinquants fut trouvé porteur d'un paquet; le directeur de la police voulut en savoir la raison : « C'est mon bagage pour la prison, reprit le jeune homme; je m'en munis toujours. Comme cela, je suis sûr de ne manquer de rien. »

Un négociant est mandé à la police : on lui défend de traverser la rue de Tolède. Il a beau objecter que ses affaires sont d'un côté et son domicile de l'autre. N'importe! il ne devra pas traverser la rue de Tolède.

Une autre fois, c'est un avocat distingué qui est appelé à comparaître devant la redoutable inquisition. L'interrogatoire commence :

« — A quelle heure déjeunez-vous?

— A dix heures.

— Hum! fait le directeur en le regardant fixement, à dix heures! A quelle heure sortez-vous?

— A deux heures. »

On continue sur ce ton; après quoi, on lui signifie qu'il ira passer deux mois en prison.

« — Fort bien! reprend l'avocat; mais je prie M. le directeur de me préparer, pour le jour de mon élargissement, une note précise des heures auxquelles il me sera permis de déjeuner, de sortir, de dîner, etc. Je m'y conformerai exactement. »

Voilà à quel degré de puérilité et de vexation incessante en est arrivé le régime tutélaire qui semble la seule force sur laquelle s'appuie le gouvernement, et qui est précisément ce qui contribue le plus à le rendre impopulaire.

L'action de la police se fait sentir en toutes choses, et principalement, on peut le dire, en celles auxquelles elle devrait demeurer tout à fait étrangère. Il n'est presque aucun employé des différents ministères qui ait pu obtenir sa place sans un rapport favorable de la police, sorte de certificat qui ne s'obtient qu'autant que l'amitié de certains fonctionnaires à été suffisamment cultivée. La police, cet incorruptible sacerdoce de l'absolutisme, ne peut résister aux séductions de la *buona mano*. Il n'est pas rare de voir l'espion aborder l'espionné et réclamer de lui une rétribution mensuelle qui met celui-ci à l'abri des poursuites. L'espion se charge même de remettre à ses supérieurs des rapports rédigés par l'espionné sur son propre compte.

Les fonctions municipales n'échappent point au despotisme de la police; c'est cette dernière qui, en général, désigne les conseillers communaux; ceux-ci ont à nommer un juge conciliateur: c'est encore la police qui le désigne. Il va sans dire qu'elle est également consultée lorsqu'il s'agit, pour le roi, de nommer aux justices de paix des chefs-lieux de canton. On ne saurait faire moins, puisque une ordonnance de 1827 déclare que la police et la gendarmerie sont une magistrature permanente. On prétend que les évêques entretiennent des relations d'espionnage avec le ministre de la police, et que, toutes les semaines, ils adressent des rapports au préfet, exploitant ainsi la confession au profit du gouvernement; mais je n'ai pu vérifier jusqu'à quel point cette accusation est fondée.

Les manœuvres de la police subalterne ont souvent plus de part que la volonté royale à la destination d'un directeur et au choix de son remplaçant. Un changement leur paraît-il désirable, les agents de bas étage provoquent un certain nombre de délits et insinuent qu'il faudrait, pour les réprimer, une main plus habile ou plus vigoureuse. Pendant mon séjour, on a, dans ce but, assassiné un courrier près de Chiatamone, et fort grossièrement dévalisé un général. La police a bien restitué l'uniforme, mais elle a refusé de faire connaître les voleurs.

Depuis la chute de M. Mazza, qui avait eu le tort de vexer à la fois le peuple et les grands seigneurs, dont il faisait surveiller les salons, la police se montre un peu moins agressive et tracassière ; mais elle l'est encore assez pour exciter un mécontentement général, je ne dis pas parmi les voleurs, mais principalement parmi les honnêtes gens.

III

Des tribunaux et de la police aux prisons, il n'y a qu'un pas, surtout à Naples. On prétend que, dans leurs colonies nouvelles, les Espagnols commencent par bâtir une église, les Anglais une taverne, et les Français un fort. Si les Italiens fondaient une colonie, leur premier soin serait de construire simultanément une église et une prison. D'après ce qui se passe ici, on serait tenté de croire que plus le ciel est clément, moins les hommes le sont, car en aucune contrée il n'existe autant de prisons qu'en Italie. Grâce à leur détestable réputation, elles ont servi de texte à une foule de dramatiques expositions et à de très-beaux accès d'indignation philanthropique. Les prisons de Naples, notamment, sont considérées comme des antres, où des malheureux sont condamnés à vivre dans des ténèbres perpétuelles et dans une atmosphère empoisonnée, sans vêtements, sans lit, privés même d'une nourriture saine et suffisante. Malheureusement, le sentiment de terreur qu'elles inspirent au public ne semble pas partagé par les milliers de bandits qui les peuplent ou que la sollicitude du gouvernement doit y amener tôt ou tard. L'un d'eux, sortant de la Vicaria, s'écriait qu'il la préférait au palais du roi. Il est vrai que la Vicaria, où sont établies aujourd'hui les plus vastes prisons de la capitale, a servi autrefois de résidence aux rois qui succédèrent à la dynastie d'Anjou. On voit encore au-dessus de la porte principale l'aigle d'Autriche et les colonnes d'Hercule des armes espagnoles.

En approchant, on remarque dans la foule un mouvement tout napolitain, rapide, papillonnant et désœuvré; la cour du palais et ses larges portiques sont remplis d'une agitation factice, d'une activité sans but, qui ne se manifeste que par des rires et des paroles oiseuses. Ces gens-là n'ont nul souci des horreurs de ce terrible lieu, ni des griffes du démon prêtes à surgir de chacun des soupiraux béants à leurs pieds. Dans ce pêle-mêle d'indifférents, je remarque des physionomies qui prouvent bien que tous les coquins ne sont pas sous les verrous. Quelques hommes en habit noir fort râpé passent d'un air affairé, portant sous le bras d'énormes dossiers que personne ne lit, mais qui coûtent fort cher : ce sont des avocats en quête de clients ou rêvant aux moyens de prolonger indéfiniment les causes qu'ils ont entre les mains. Leur présence nous apprend que, si nous sommes dans les prisons, nous nous trouvons en même temps dans le sanctuaire de la justice. Mais la concentration dans le même édifice des tribunaux et des prisons ne paraît en rien accélérer les procédures.

Vivement impressionné par les sombres descriptions que j'avais lues ou entendues, par les abominables dénonciations répandues à Naples même, j'ai voulu pénétrer dans ces asiles malfaisants et m'assurer par moi-même de la réalité des faits qui, trop souvent, ont le caractère mensonger de récits inspirés par des préjugés nationaux ou par la mystérieuse et terrifiante réputation des prisons.

C'est une étude qui mérite une attention consciencieuse, le régime des prisons étant un excellent *criterium* pour juger les administrations et les gouvernements. Depuis quelques années, la direction spirituelle de ces établissements a été confiée aux jésuites. Quelque éloignement que je me sente pour cet ordre religieux, je me fais un devoir de reconnaître que, sous leur influence, le régime des prisons s'est notablement amélioré.

Le révérend père directeur me fit, avec beaucoup d'empressement, les honneurs de plusieurs prisons secondaires; mais quelques observations, qui lui parurent sans doute un peu hérétiques, m'ayant fait perdre ses bonnes grâces, je me vis fermer la porte de la Vicaria. Dans l'espoir de réparer cet échec, je me rendis auprès du ministre de la police, le commandeur Bianchini. On sait que ce personnage, homme d'État habile et écrivain distingué, est l'auteur d'un ouvrage remarquable, *le Bien-être social*. Si cette œuvre, inspirée par l'amour de l'humanité, n'a pas sensiblement amélioré le sort des peuples, elle a certainement profité à celui de son auteur.

Placer un philosophe ou un philanthrope à

la tête de la police la plus rigoureuse et la plus arbitraire de l'univers, voilà qui paraît, au premier abord, une de ces inconséquences si ordinaires au gouvernement napolitain. Mais de même que l'illustre Filangieri était à la fois l'homme le plus sérieux et le plus gai de son temps, M. Bianchini cumule avec un plein succès la position de philosophe candide et celle de geôlier.

Quoi qu'il en soit, dans l'entrevue que j'eus avec lui, il se montra homme d'esprit, plaisanta agréablement les jésuites, et m'octroya de la meilleure grâce l'autorisation de visiter toutes les prisons du royaume. Il mit à ma dispositon un inspecteur de police, attention délicate qui, tout en lui donnant l'avantage de paraître d'une extrême politesse envers moi, le mettait à même de me faire surveiller de très-près pendant le cours de mes observations.

Un certain nombre de condamnés sont déposés au rez-de-chaussée de la Vicaria. Ils attendent là qu'on les dirige sur les divers lieux de détention où ils doivent subir leur peine. Les prévenus occupent le premier étage, dont j'ai visité toutes les salles. Leur élévation, qui, au point de vue sanitaire, serait convenable si elles ne contenaient que le nombre d'hommes réglementaire, est devenue insuffisante pour une agglomération d'individus qui, dans quelques-unes de ces salles, atteignent le chiffre de cent à cent cinquante. Le directeur de la prison, dont la cordialité frivole contrastait avec la nature de ses fonctions, m'a rappelé, il est vrai, que la Vicaria avait logé d'abord des princes, et que, sans nul doute, des prisonniers n'avaient pas besoin aujourd'hui d'une plus grande quantité d'air atmosphérique. Il oubliait de tenir compte de l'encombrement même sur lequel portaient mes observations.

Ces parois sont tous les mois blanchies à la chaux et le pavé nettoyé avec du vinaigre et du sel. Ce sont là des mesures d'hygiène auxquelles on a moins souvent recours dans certaines prisons de France. On y est, en conséquence, fort peu incommodé par les miasmes délétères dont j'avais entendu parler. Quant à l'aspect général, je n'ai rien trouvé de lugubre ni de répugnant, rien qui appelât une critique sévère sous le triple rapport de la construction, de la salubrité et du régime. L'alimentation m'a paru supérieure en qualité et en quantité à celle du bas peuple en général ; une cuisine est à la disposition des prisonniers, ce qui leur permet d'ajouter à leur ordinaire ce qu'ils tiennent de la générosité des visiteurs. Si les règlements étaient exécutés, je serais presque tenté de voir dans la Vicaria une prison modèle.

Ces règlements ne m'ont paru absolument défectueux qu'en ce qui touche le mélange des condamnés et des inculpés. Chose étrange, ces derniers ne songent point à se plaindre de ce fâcheux et dégradant rapprochement. Les deux catégories s'accordent le mieux du monde. Tous passent, selon leur fantaisie, d'une salle dans une autre, forment des groupes entre eux, plaisantent et discutent, comme pourrait le faire une réunion d'honnêtes villageois sur un champ de foire. Par-dessus tout, ils savourent les délices du *far-niente*.

Les jésuites ont introduit le travail dans les prisons, mais il n'est pas obligatoire à la Vicaria. Les détenus ont à leur disposition un vaste promenoir, un peu sombre il est vrai, et un préau où la paresse des individus est telle, « qu'on y fait moins que rien, on n'y fait nulle chose. » Quelques-uns de ces messieurs se promènent, trois ou quatre s'abaissent à tresser des stores de jonc, et, si la couleur des vêtements, rouge pour les galériens, jaune pour les présidiens, ne nous rappelait le lieu où nous sommes, nous pourrions nous croire transportés dans quelque paisible retraite où l'homme qui a renoncé au monde vient chercher un facile repos. La méprise serait d'autant plus excusable que les physionomies n'ont, en général, rien de repoussant; on ne remarquait que très-peu de ces figures farouches qui annoncent le meurtre et appellent la potence.

J'ai traversé, toujours au rez-de-chaussée, une grande salle contenant les condamnés jugés par les tribunaux correctionnels, puis d'autres salles de moindre étendue où les prisonniers étaient répartis, non d'après leur degré de culpabilité, mais suivant certaines analogies de profession. Les perruquiers ont le privilége de n'être point confondus avec le vulgaire, une salle spéciale leur est réservée, et j'en vis quelques-uns qui exerçaient gravement leurs honorables fonctions sur la tête d'autres détenus.

On m'avait parlé, comme d'une chose épouvantable, des cachots où sont enfermés les malheureux condamnés par les cours criminelles. Aussi n'est-ce point sans un certain effroi que j'ai vu tirer les énormes verrous de ces antres si redoutés et rouler sur ses gonds cette lourde porte au-dessus de laquelle semblent écrites ces sinistres paroles :

Per me si va nell' eterno dolore.
Per me si va tra la perduta gente.

Ma surprise a été grande à l'aspect presque confortable des appartements voûtés où je fus introduit. Ils étaient aussi proprement blanchis, aussi salubres que le reste de la prison. Mais les détenus n'avaient pas de bois de lit, et leur matelas de chanvre reposait sur l'asphalte. C'était la seule condition aggravante de ces cachots. Deux condamnés à mort et quelques *ergastoli*, ou condamnés aux fers à perpétuité, se promenaient paisiblement ou cherchaient à se distraire en regardant par les fenêtres le mouvement de la ville. Je demandai à l'un d'eux la raison de son incarcération.

« Je suis ici pour cause d'homicide, me répondit-il en souriant; j'ai tué deux de mes parents; mais croyez bien, Excellence, que je n'étais coupable que de complicité. Je suis trop puni de cette peccadille, puisque me voici au cachot depuis déjà plus de cinq ans. J'espère cependant échapper à l'échafaud, ma cause étant encore en appel. »

D'autres prisonniers se trouvaient dans le

même cas et attendaient depuis nombre d'années leur jugement définitif.

Les condamnés à vie ne se livrent à aucun travail manuel, comme si l'existence avait déjà fini pour eux. J'en remarquai pourtant deux qui écrivaient sur leur banc de pierre. Ils voulurent me lire, l'un des vers en l'honneur du roi, l'autre, un projet de réforme dans la marine, qui lui avait valu une commutation de peine.

Le parloir principal est sans nul doute la partie la plus curieuse de la prison. Séparés par une double grille, prisonniers et visiteurs s'interpellent bruyamment, gesticulent avec animation et se contemplent les uns les autres d'un air de tendre satisfaction. Autant on trouve peu l'expression du remords et des regrets sur le visage des condamnés, autant on rencontre peu celle du mépris ou de la pitié dans les yeux de leurs amis, et surtout de leurs amies, dont l'empressement aurait même quelque chose de touchant en toute autre occasion. A Naples, le séjour de la prison n'a rien d'humiliant. Il y a spécialement deux genres de délits qui ne sont point considérés comme déshonorants : ce sont les petits vols et les grands crimes. Ces derniers surtout ont le privilége d'inspirer un vif intérêt pour le condamné. On entend résonner ces mots : *O caro amico! caro poveretto!* La foule d'amis et de parents qui viennent fraterniser au travers des barreaux avec les détenus prouve que ceux-ci, par leurs malheurs ou par leur courage, sont devenus pour eux des héros.

On est, d'ailleurs, péniblement impressionné par l'air de bonhomie et d'insouciante gaieté qui règne sur toutes les physionomies, sur celles des condamnés comme sur celles de leurs visiteurs, j'allais dire de leurs complices. Il est évident que les uns et les autres sont absolument dépourvus des notions les plus élémentaires du bien et du mal. Que fait-on pour ramener dans une voie meilleure ces milliers de créatures humaines tombées dans la fange, pauvres déshérités qui n'ont pas d'espérance parce qu'ils n'ont pas de Dieu, et dont le flot toujours croissant mine sans relâche les fondements de la société? Qu'a-t-on fait pour les retirer de leur dégradation? On a compté sur l'efficacité d'une répression sévère, plus propre à flétrir les âmes qu'à les régénérer. On devrait chercher si, au fond de ces âmes malades, il ne survivrait pas quelques sentiments d'honnêteté que l'on pût réveiller et encourager; mais on a trouvé qu'il était plus facile de châtier que de diriger et de convertir. Ce n'est pas que beaucoup de ces misérables ne se montrent très-dévots; mais on sait qu'un Italien peut voler et assassiner sans oublier pour cela un signe de croix, une génuflexion devant la madone et même une prière.

IV

La prison de San-Francesco, située hors de la porte Capuana, est un ancien couvent de minimes dont les religieux furent expulsés par Murat. Cet édifice est aujourd'hui plus utilement employé : il sert à la fois de prison et d'hôpital général pour tous les détenus non politiques de la capitale et des environs. Il y règne un mouvement et une activité remarquables. Chaque salle est un atelier en désordre et assez mal tenu. Comparé à l'hôtel aristocratique de la Vicaria, il lui est inférieur sous tous les rapport. Je fus introduit par un jésuite, dont l'apparition semblait partout exciter la plus vive attention, A notre entrée dans chaque salle, le travail était interrompu, et les prisonniers, s'empressant autour du révérend père, lui baisaient la main et recevaient sa bénédiction. Je fus étonné, comme à la Vicaria, de l'air de soumission et de la facilité de contrôle de la foule qui nous entourait. Pour s'en faire obéir, les paroles ne sont pas nécessaires; un geste suffit. Tous ces scélérats n'avaient rien de terrible; ils ressemblaient plutôt à un troupeau de brebis sous la garde de leur berger. Sans doute, il ne faut pas trop se fier à cet extérieur débonnaire : la moindre étincelle suffit pour faire éclater une sédition; mais ces explosions sont rares et promptement réprimées. Dans l'attitude des détenus, rien ne révèle la tristesse d'une condamnation. Lorsqu'ils sont fatigués d'un travail qui est facultatif, il se promènent, jouent entre eux, ou s'approchent des fenêtres, d'où la vue est très-récréative. Ils interpellent les passants et adressent des lazzi aux nombreux indigents du voisinage, qui n'ont pas comme eux le bonheur d'être nourris et logés aux frais du gouvernement. Les détenus ont, de plus, la possibilité d'amasser un petit pécule, les deux tiers du produit de leur travail leur étant attribués. Ils placent leurs gains, si bon leur semble, à une caisse d'épargne affectée spécialement aux prisons. Quelques-uns des prisonniers sont là depuis très-longtemps, attendant, non pas qu'on les juge, mais qu'on les expulse faute de place, comme cela est arrivé quelquefois. D'autres, dont la détention n'a souvent qu'une cause peu importante, sont oubliés; leurs témoins sont morts ou ont disparu; personne ne poursuit; mais ils sont détenus, on les garde. L'autorité croit qu'il y va de sa conscience.

A ceux, d'ailleurs, qui seraient mécontents de leur genre de vie, il reste les chances d'évasion, sans compter celle d'être mis en liberté par suite de quelque spéculation des directeurs ou employés des prisons. Ces spéculations consistent à relâcher secrètement certains condamnés, tout en continuant à les faire figurer sur les rôles et à percevoir le prix de leur entretien. Il y en a encore qui sont autorisés à sortir chaque jour de la prison pour se livrer à la mendicité dans les rues de la capitale. Ingénieuse combinaison qui double les bénéfices des geôliers. Je remarquai dans la cour quelques inscriptions ; l'une contenait ces mots de la Genèse, qui contrastent avec la faculté de ne rien faire dont les prisonniers usent et abusent en vrais Napolitains :

In sudore vultus tui vesceris pane.

J'allais passer sous silence quelques braves gens qui se trouvent incarcérés pour avoir porté secours à d'intéressantes victimes qu'on dépouillait ou qu'on assassinait. Voici comment la chose se passe : j'en ai vu un exemple pendant mon séjour à Naples. Un malheureux marchand est poignardé devant sa boutique; les meurtriers prennent la fuite, les spectateurs du crime en font autant; connaissant les habitudes de la police, ils s'empressent de se soustraire à tout contact avec elle. Un passant, touché du piteux état du blessé, s'approche de lui et le relève.

Sur ces entrefaites arrivent les sbires, qui, faute d'autre proie, s'emparent du bon Samaritain et le conduisent en prison. Il y est peut-être encore, bienheureux si on le laisse vivre à l'ombre de ces murailles protectrices au lieu de le pendre ou de l'envoyer aux galères.

La grande salle de San-Francesco, occupée par les malades, ne présente pas un spectacle trop affligeant : des prêtres veillent à proximité de cette salle, prêts à y apporter les secours de la religion ; j'y vis aussi quelques membres de différentes confréries qui se chargent de donner aux condamnés des vêtements et tout ce qui peut adoucir leur sort. Ces sociétés pieuses sont tout à fait conformes à l'esprit populaire; elles jouissent de grands priviléges, qui vont jusqu'au droit de demander grâce. Il en est qui ont pour objet de procurer des défenseurs gratuits aux pauvres; mais elles ont donné lieu à des abus qui ont beaucoup ébranlé la confiance dont elles jouissaient autrefois.

V

Après les deux grandes prisons que je viens de nommer, j'ai visité avec beaucoup d'intérêt une maison fondée par des philanhtropes éclairés et prévoyants. L'*Instituto artistico* est une très-utile annexe des prisons, une école d'arts et métiers réservée aux enfants et aux jeunes gens qui ont subi une condamnation. J'en ai vu près de quatre-vingts exercer toutes sortes de professions, depuis la typographie jusqu'à la menuiserie. Les tailleurs confectionnent les vêtements de leurs compagnons de reclusion; les tisserands fabriquent les étoffes et les toiles dont on fait usage dans la maison. A l'âge de vingt ans, époque à laquelle il doit quitter cet asile, le détenu, capable de pourvoir à sa subsistance, est mis en liberté purement et simplement, ou confié à la surveillance d'un patron choisi par le directeur. Voilà, certes, une prévoyance et un souci de l'avenir auxquels je rends un hommage d'autant plus sincère que ces traits sont fort rares à Naples.

Les jeunes détenus forment un corps de musique qui ne manqua pas de me donner des preuves de son savoir-faire. Ici, la musique est partout, dans la rue comme dans les salons, dans les églises comme dans les hospices et dans les prisons. Les jours de fête, ce corps de musique parcourt la ville en sonnant des fanfares et en excitant, par l'éclat ridicule de son uniforme, l'envie de toute la jeunesse en guenilles. Le P. Cotinelli, vieillard presque centenaire, à qui on doit l'initiative de cet institution et de beaucoup de changements heureux dans l'organisation des prisons, dirige encore l'*Instituto artistico* avec l'affectueuse intelligence d'un bon père de famille.

VI

On m'invita à assister à une cérémonie célébrée à l'établissement de *Santa-Maria d'Agnona*. Toujours conduit par mes révérends pères, j'entrai dans un palais élégamment décoré ; on me fit visiter de vastes dortoirs pavés de briques en mosaïque et dont les plafonds sont peints à fresque. Des fleurs et des feuilles de laurier jonchaient la grande cour et les couloirs, que le soleil inondait de sa joyeuse lumière. Sous les spacieux portiques, on voyait, rangées autour de tables bien servies, plusieurs centaines de femmes aux costumes pittoresques et parfois recherchés, dont la gaieté, quoique un peu bruyante, paraissait être du meilleur aloi.

Le service de ces tables était fait par des dames en toilettes élégantes, appartenant à la noblesse ; elles semblaient prendre à leur rôle le même plaisir qu'un enfant à des jouets dont il n'a pas encore eu le temps de se lasser. Les bons pères, affublés de tabliers blancs, remplissaient l'office de cuisiniers, et nos grandes dames transportaient les plats, tandis que Son Éminence le cardinal archevêque passait le long des tables en adressant aux convives des sourires et des bénédictions. On se serait cru au milieu d'une communauté religieuse en fête, et personne n'aurait pu supposer qu'il avait sous les yeux l'intérieur d'une prison !

Je questionnai quelques détenues, qui, à en juger par leurs réponses, parurent s'amuser de ma curiosité. Il va sans dire qu'elles étaient toutes innocentes et victimes de la malveillance d'une police soupçonneuse. Une seule m'avoua qu'elle avait été incarcérée pour cause de rixe ; elle ajouta, avec une certaine fierté, que, dans la lutte, elle avait porté les meilleurs coups et

cassé quelques dents à une rivale détestée.
« J'avais une rivale! » répétait-elle. Jamais actrice jouant Phèdre au Théâtre-Français ne mettra dans ces trois mots autant d'accent et de passion que la prisonnière de *Santa-Maria*. Je regrettai de ne pouvoir faire pour cette malheureuse ce que le prince de Condé avait fait jadis pour un forçat aussi sincère que coupable.

J'assistai à un exercice religieux; l'archevêque officiait. Le discours, prononcé par un jésuite, était rempli de sanglots; des invocations à la madone et à tous les saints, des descriptions de la fournaise ardente en faisaient tous les frais. Les larmes de l'auditoire répondaient à celles du jésuite avec assez d'abondance pour éteindre les flammes dont le menaçait l'impétueux prédicateur. Mais à peine le discours fut-il terminé, que l'attitude des prisonnières montra que toute trace de ces terreurs avait disparu de leur esprit, et probablement aussi de leur conscience. Rien ne peut donner l'idée de cette prodigieuse mobilité d'impressions.

Les jésuites conviennent que la reclusion ne doit être considérée que comme un moyen d'action sur les consciences, comme un temps que la religion peut mettre à profit pour régénérer les cœurs; mais les faits ne prouvent que trop l'inefficacité des moyens qu'ils emploient pour atteindre ce but. Le nombre considérable des récidives en est à lui seul la triste démonstration. Jusqu'à ce jour, je le répète, le dévouement des révérends pères n'a réussi à introduire dans le régime des prisons que des améliorations matérielles. Quant à la condition morale des détenues, les résultats obtenus se bornent à la séparation des différentes catégories de condamnées et de prévenues, et aux obstacles apportés à la propagande corruptrice des individualités les plus dangereuses; encore ces deux dernières mesures n'ont-elles été réellement appliquées qu'à *Santa-Maria d'Agnona.*

Dans cette prison, je trouvai de nouvelles preuves de la lenteur interminable des procédures. Plusieurs des prévenues y étaient enfermées depuis sept ou huit mois, quelques-unes même depuis une année entière, sans que leur cause fût encore instruite. On hésitera, du reste, à les plaindre lorsqu'on saura qu'il arrive fréquemment qu'au moment d'être mises en liberté, elles sollicitent comme une faveur l'autorisation de prolonger leur séjour dans cet établissement philanthropique d'un nouveau genre.

J'ai été scandalisé, je l'avoue, des enfantillages et de la charité frivole des nobles dames napolitaines, des fleurs répandues sur le sol et des sourires du cardinal. Tout cela m'a paru déplacé en un tel lieu. Que réservera-t-on pour le malheur honnête, si on traite avec tant de sollicitude des prostituées et des criminelles? N'est-il pas à craindre que, par cet empressement, on ne trouble le sentiment moral au lieu de l'éclairer? Les malheureux que la justice des hommes est dans la nécessité de punir ont sans doute des droits à la charité chrétienne; mais il faut que cette charité soit exercée de manière à relever les âmes et à sauvegarder le respect dû aux grandes notions de la moralité humaine. La charité exercée sans discernement envenime les plaies de la société au lieu de les guérir.

Je visitai encore quelques autres prisons, notamment celle de *Santa-Maria Apparente*, lieu de détention des prisonniers politiques. Leur nombre s'élevait à trente ou quarante. Tous se plaignaient, ou de n'être pas jugés, ou d'être des victimes de la police, et j'ai tout lieu de croire que plusieurs disaient vrai. Mais aucun ne s'est plaint sérieusement du régime auquel il était soumis.

Je ne voudrais pas, à coup sûr, recommander les prisons napolitaines comme un séjour enchanteur et la Vicaria comme un Eldorado. Je n'ignore pas que dans quelques lieux de reclusion, à *Monte-Sarchio* par exemple, sont des cachots sombres et humides et de lourdes chaines réservées à certains prisonniers politiques; mais il n'en demeure pas moins avéré pour moi que, dans les prisons les plus importantes, telles que la Vicaria et San-Francesco, on ne retrouve plus aujourd'hui aucune trace des tortures et des cruautés si souvent et si injustement reprochées au gouvernement actuel. Je tiens avant tout à rendre hommage à la vérité ; n'ai-je pas signalé assez de mal pour avoir le droit de parler un peu du bien ? Ce n'est point, en général, la sévérité de leur régime qu'on peut reprocher aux prisons napolitaines, c'est plutôt par l'excès contraire qu'elles sont défectueuses. Là, comme partout ailleurs, on rencontre une absence complète de discipline et une déplorable insouciance. De là ces détentions préventives sans raison et sans fin ; de là le mélange des prévenus et des condamnés ; de là, enfin, l'homicide lenteur des enquêtes.

Les prisons de Naples suppriment les coupables sans réprimer la faute ; elles sont un fait matériel, mais ne sont revêtues d'aucune portée morale ; elles n'ont pas le privilége d'inspirer cette terreur salutaire qui, en d'autres contrées, est à elle seule un puissant moyen préventif.

Aux abus signalés plus haut il n'y a d'autre remède que des abus plus criants encore. Ont-ils la bonne fortune de compter parmi leurs amis des prêtres ou des généraux, les coupables comme les innocents sont à peu près sûrs de se tirer promptement d'affaire. A Rome, ce sont les cardinaux qui se mettent en travers de la justice; mais, ici, le système est perfectionné et ses ressources sont plus étendues : c'est la soutane et l'uniforme qui s'arrogent le droit d'épargner aux magistrats une bonne partie de leur besogne, et qui font pencher la balance de la justice en y jetant le bréviaire ou l'épée.

RELIGION, MIRACLES

PREMIÈRE PARTIE

RELIGION, MIRACLES

PREMIÈRE PARTIE

I

Si les institutions, en général, n'exercent pas sur les mœurs des Napolitains une influence bien marquée, il n'en est pas de même de la religion, qui agit à la fois, et par des moyens divers, sur les individus, sur les familles et sur la société tout entière. Ici, c'est l'esprit catholique et clérical qui domine et gouverne, et qui, par conséquent, doit assumer en grande partie la responsabilité de l'état de choses actuel. C'est lui qui, depuis des siècles, a travaillé avec le plus d'opiniâtreté à rabaisser le niveau des caractères et des intelligences. Sans doute il n'opère plus à l'aide des procédés du moyen âge; il ne tue plus les individus, il se contente d'énerver les âmes. Loin de réprimer le penchant des Napolitains à l'idolâtrie, il leur a laissé leurs pratiques païennes et mythologiques; il a fasciné les yeux et endormi les consciences, de telle sorte que le peuple s'occupe fort peu de Dieu. S'est-il même jamais demandé si Dieu existe? A-t-il jamais cherché à se rendre compte si tel culte est raisonnable et utile? Cela est bien douteux. Il n'a de ferveur religieuse que pour la madone et quelques saints, ses dieux pénates, auxquels les plus pauvres lazzaroni consacrent une petite lampe qui brûle jour et nuit.

Aussi ne doit-on pas s'étonner de l'impression fâcheuse que le voyageur emporte trop souvent de ces contrées. Il a été choqué de ce mélange de torpeur morale et de vivacité mondaine, d'artificieuse souplesse dans les caractères et de démonstrations de franchise et de probité. Il a été péniblement affecté par cette physionomie populaire si mobile, si pleine de contradictions, et dont les défauts les plus saillants portent le stigmate de l'ignorance et de l'obscurantisme clérical.

Et qu'on ne croie pas que l'aveuglement spirituel et l'usage du trompe-l'œil de la superstition soient seulement l'apanage des classes subalternes; on se convaincra du contraire en lisant le jugement suivant d'un écrivain qui, quoique étranger, s'est parfaitement identifié avec l'esprit du pays. Ultramontain quant aux opinions, il se console aisément des misères morales et matérielles que j'ai signalées, et il y voit de splendides compensations.

« A peine, dit-il, pénètre-t-on dans Naples, que le véritable caractère des habitants se révèle au voyageur. A chaque pas, on découvre de nouveaux témoignages de la foi religieuse. Les statues de la Vierge et des saints forment l'ornement de toutes les places publiques... A l'angle de chaque rue, une niche abrite le saint sous le patronage duquel ses habitants sont placés... Dans les rues de quelque longueur, ces niches se multiplient, et ce qui est plus remarquable encore, c'est qu'indépendamment de ces marques de foi et de piété, à l'intérieur des magasins les plus riches comme des plus humbles boutiques, on voit, en face de la porte d'entrée, l'image de la Vierge ou d'un saint entourée de fleurs et, le soir, éclairée de bougies ! Ces témoignages qui, de toutes parts, proclament la vivacité de la foi religieuse des Napolitains, ont été pour moi, — ajoute notre auteur, — comme autant de garanties qui m'ont rassuré contre les calomnies répandues avec tant de persévérance contre cette bonne population. »

Cette naïve déclaration n'offre pas, il faut en convenir, des garanties bien sérieuses ; car, pour peu qu'on approfondisse cette importante question, on s'apercevra que ces signes extérieurs décèlent plutôt un misérable fétichisme que la vivacité du sentiment religieux, et qu'ils n'ont aucun rapport avec la véritable foi chrétienne et la régénération individuelle. On reconnaîtra, avec tous les observateurs un peu attentifs, que les populations chez lesquelles ces signes se multiplient sont précisément celles où l'on trouve le moins de respect pour la propriété et la vie d'autrui, celles aussi où l'absence absolue de principes et d'instruction entraîne fatalement la dissolution des mœurs. Le bas peuple de Naples, comme celui des Abruzzes et des Calabres, est la preuve vivante de ce fait. Personne n'ignore que, chez ces populations, les plus mauvaises mœurs et les habitudes de meurtre et de pillage s'associent à des pratiques de dévotion sans nombre comme les saints dont on se dispute le patronage. On sait que la vénération de ces braves gens pour les saintes images ne connaît pas de bornes, et que le plus grand témoignage qu'ils leur en puissent offrir consiste à leur attribuer une part dans les vols dont ils se sont rendus coupables. Il n'est pas rare de voir un saint se trouver ainsi recéler les dépouilles de quelque malheureux voyageur. Ingénieuse façon de forcer le ciel à pardonner nos crimes, que de l'en rendre complice! On leur a enseigné une religion se résumant en quelques signes de croix, en génuflexions et en monotones glapissements ; mais que leur a-t-on dit de l'Évangile et de leur âme? Rien, ou à peu près rien ; si bien que leur conduite n'a d'autres mobiles et d'autres règles que les plus mauvais instincts et les aberrations d'un fanatisme impuissant. Il semble que les efforts des prêtres n'aient pour but que de maintenir cette espèce de mythologie cléricale dont je parlais tout à l'heure. Parmi plusieurs exemples, je citerai le contenu d'un *avviso sacro* publié à l'occasion de la catastrophe qui venait de répandre l'épouvante dans le royaume :

« *Il prodigioso S. Emiddio a fatto questo gran miracolo...* Lors du tremblement de terre du 16 décembre, Naples allait être réduite en ruines; mais, en cet instant suprême, les fidèles habitants élevèrent des yeux et des bras suppliants vers saint Emiddio. A peine avaient-ils fait entendre leur prière, que la grande ville était sauvée. Tout l'honneur de ce prodigieux miracle devant être attribué à ce saint puissant, les fidèles sont invités à venir lui rendre grâce dans l'église dont il est le bienheureux patron. »

Parlant de cet *avviso* à un chanoine de la cathédrale, j'appris que saint Janvier s'était grandement formalisé des prétentions d'un rival moins populaire que lui, et qu'il avait déclaré que le salut de la capitale était son ouvrage et point du tout celui de saint Emiddio ou d'autres saints qui cherchaient à se faire honneur de cette action surnaturelle. Chaque église se prévaut ainsi de mérites imaginaires pour attirer sur elle l'attention du public dévot, et celui-ci ne s'occupe pas plus de concilier ces conflits qu'il ne cherche à comprendre comment chacune des nombreuses madones, dont on vénère les images sous des noms si variés, a le pouvoir de faire tels ou tels miracles que ne peut point opérer la madone voisine.

Toutefois, si les prêtres travestissent ainsi le christianisme et dérobent avec soin l'Évangile à tous les regards, c'est sans doute pour s'épargner la peine d'aller chercher dans l'Écriture des révélations que les saints leur fournissent sans intermédiaire. On assure, en effet, que plusieurs des images auxquelles je viens de faire allusion ont fait connaître par des signes évidents la volonté du ciel. On montre, à Saint-Dominique-Majeur, le crucifix qui dit un jour à saint Thomas d'Aquin : *Bene scripsisti de me, Thoma; quam ergo mercedem cupis?* et auquel Thomas répondit : *Non aliam nisi te ipsum.* La légende affirme que ce saint homme était alors en extase, et que la ferveur de son zèle était si grande, qu'elle le soutenait en l'air à trois pieds de terre, comme saint Cupertin.

Dans l'église des Bénédictins, un autre crucifix eut aussi, dit-on, une assez longue conversation avec son lieutenant, le pape Pie V. On n'est pas certain que celui de l'église des Carmes ait parlé; mais il n'en est pas moins miraculeux, puisqu'il baissa la tête à l'approche d'un boulet de canon qui allait la lui emporter, lors du siége de Naples par Alphonse d'Aragon, en 1439.

L'église de Saint-Agnello est plus favorisée que celle des Carmes; non-seulement elle peut offrir à la vénération des fidèles un crucifix qui parle, mais elle possède encore une image de sainte Marie d'Intercession qui a eu souvent de pieux entretiens avec la béate Jeanne, mère de saint Agnello, et avec saint Agnello lui-même. On peut citer encore la madone de l'église Saint-Paul : témoin d'une action condamnable, elle fit entendre un soupir, baissa les yeux, et disparut du palais où elle se trouvait, pour se transporter invisiblement dans la chapelle où on peut la contempler aujourd'hui. Ce n'est pas, du reste, dans les temps modernes seulement que de semblables choses sont arrivées; on se souviendra, entre autres merveilles qui présagèrent à

Rome les horreurs du triumvirat, que plusieurs statues firent paraître divers signes d'effroi et qu'il y eut un bœuf qui parla. On ne fut pas sans doute moins étonné, sous Caligula, quand la statue de Jupiter, qui était à Olympie, fit de si grands éclats de rire, que ceux qui la démontaient pour la transporter à Rome s'enfuirent tous effrayés et abandonnèrent leur ouvrage.

Il est fâcheux que ces enseignements miraculeux soient parfois contradictoires. On l'a vu récemment, lors des débats des scottistes et des thomistes touchant l'immaculée conception de la Vierge. Les premiers, outre les divers arguments qu'ils mettaient en avant, s'appuyaient encore sur une déclaration de sainte Brigitte, qui tranchait à peu près la question. Malheureusement pour eux, sainte Catherine déclarait tout le contraire. Selon elle, la Vierge avait été positivement conçue dans le péché comme les autres femmes, de sorte qu'on vit les thomistes la révérer autant que les scottistes en faisaient peu de cas.

II

Une religion qui possède tant de moyens de révélation directe et orale a le droit de n'attacher que peu de prix à la révélation transmise par l'Écriture. Aussi, à Naples, la Bible est-elle presque aussi peu connue des prêtres que des fidèles. Le clergé, d'ailleurs, a d'excellentes raisons pour perpétuer cette ignorance et alimenter la crédulité des peuples au moyen des miracles qu'il fabrique; car, ainsi que l'écrivait Voltaire, « l'Évangile purifié ne donne ni croix pastorales, ni abbayes, ni commanderies, ni chapeaux de pourpre, et ils trouvent tout cela fort bon, » nonobstant les déclarations de plusieurs docteurs de l'Église et spécialement de saint Thomas d'Aquin sur le mérite singulier de la pauvreté et de l'humilité absolues.

On n'ignore pas qu'avant la Révolution la moitié du royaume appartenait aux congrégations religieuses, et que le privilége exorbitant dont elles jouissaient de se faire céder dans les villes toutes les maisons contiguës à leurs propriétés les avait mises en possession d'une grande partie des cités les plus importantes. C'était la loi de l'expropriation forcée érigée au profit des communautés. Ces priviléges ont été abolis; mais le clergé, aussi hardi qu'adroit, a su se ménager des moyens d'existence qui expliquent le nombre et la richesse des églises et des couvents. L'exploitation de l'ignorance et de la crédulité ne s'est point arrêtée dans son développement. Elle a continué à être pratiquée par des hommes qui ne craignent pas de prendre le masque de la sainteté pour assurer le succès de leurs manœuvres intéressées. De ces fraudes pieuses, les miracles dont je viens de parler, ceux surtout dont il sera question tout à l'heure, ne sont pas les moins productives.

Plusieurs consistent à évoquer les morts pour en imposer aux vivants. On a retracé partout les épouvantements de l'enfer, non pour engager les hommes à sanctifier leur vie, mais pour les contraindre à laisser en mourant une somme que l'Église doit employer au salut de leur âme. Chaque année, des missions de liguoristes et de différents ordres parcourent le pays pour prêcher et confesser les bonnes gens des campagnes. Prévoyant le cas où quelque voleur se glisserait parmi leurs pénitents, les honnêtes religieux dressent à l'avance une sorte de tarif de confession qui leur permet, sans trop de difficultés, d'absoudre les voleurs comme les autres pénitents, et de renvoyer tout le monde la conscience nette. Avec le sindulgences, ils vendent les dispenses de mariage, l'autorisation de faire gras les jours maigres, le privilége d'avoir des chapelles et des reliques; ils vendent surtout le purgatoire, source intarissable de revenus; ils vendent les messes en détail, à prix débattu comme dans un marché public, et, pour plusieurs centaines qu'on leur a payées, ils n'en célèbrent qu'une, la disant à l'intention de tous leurs clients.

Ils spéculent sur la charité au point qu'une œuvre pie n'est plus que de l'ostentation. A Naples, voici comment on procède. Une procession de prêtres, de moines et de soldats parcourt les rues en frappant à toutes les portes. Argent, objets en nature, elle reçoit tout. Des maisons où l'on donne peu, les quêteurs s'éloignent en silence; devant celles où on a rencontré un peu plus de générosité, ils tirent un ou deux coups de fusil; mais, si l'on s'est montré libéral, la confrérie ordonne un véritable feu de peloton. C'est bien là une charité qui ne s'exerce qu'en vue du bruit qu'elle va faire.

III

Dans les idées et les pratiques du clergé napolitain, la vérité se mêle et se confond si bien avec l'erreur, qu'il semble avoir perdu les notions les plus élémentaires du juste et du vrai. De même que les moines se font un jeu sacrilége de fabriquer des fleurs et des ornements avec des ossements tirés des tombes de leurs frères, sans songer qu'eux-mêmes y descendront bientôt pour être convertis à leur tour en candélabres ou en manches de parapluies; de même il ne craignent pas de consacrer dans leurs églises, en leur donnant des places d'honneur, des objets d'une origine et d'une sainteté plus que douteuses, tels que des cheveux de la

Vierge, des tableaux de saint Luc, des fragments de l'invisible échelle de Jacob, etc. Ces prêtres, se préoccupant peu d'inspirer une foi véritable, n'ont pas un moment la pensée qu'en assimilant les superstitions les plus ridicules aux vérités qui sont le fondement de la foi, ils mettent cette dernière en péril.

La plupart des églises de Naples ont été élevées sur les ruines de temples païens. Les débris de ces temples, colonnes, marbres, ornements précieux, apparaissent çà et là dans les édifices catholiques. C'est ainsi que les idées du paganisme surgissent sans cesse au milieu du rit chrétien et se mêlent aux principes actuels du sacerdoce.

Cette triste éducation populaire et les encouragements donnés à la superstition portent leurs fruits. C'est au point qu'on pourrait se croire transporté en plein moyen âge. On voit, par exemple, des femmes du meilleur ton invoquer la madone de telle ou telle église et lui promettre un vêtement neuf ou une parure, dont le prix sera proportionné à l'importance de la grâce qu'elles sollicitent.

Pour les Napolitaines, la religion est une attitude, pour les hommes elle est moins encore : c'est une formule qui n'empêche rien et qui même parfois autorise. Les Calabrais mettent dans leurs demandes moins de façons que les habitants de la capitale. L'année dernière, une extrême sécheresse ayant désolé leurs contrées, et le ciel ne se rendant point à leurs vœux, ils n'imaginèrent rien de plus efficace que de mettre en prison les statues et les images de leurs saints les plus vénérés. Ils espéraient que cette humiliation rendrait leur intercession plus active. Il est des gens qui entretiennent des cierges devant la madone pour être favorisés à la loterie, la menaçant de supprimer leur offrande dans le cas où le sort ne leur serait pas favorable. D'autres font exécuter un petit concerto au pied de la madone par les pauvres *zampognatori* descendus des montagnes pour se livrer à cette singulière industrie. Ces dévots ne doutent pas que cette délicate attention musicale ne doive attirer sur eux des faveurs spéciales.

Qu'on ne croie pas cependant que cette maladie nationale soit incurable. Au milieu de cette foule abâtardie, on rencontre des hommes de cœur et d'intelligence; on en voit qui semblent éprouver le besoin d'une croyance plus élevée et qui ont conscience de l'insuffisance de leur culte. Mais ils sont comprimés et doivent se garder de s'ouvrir à leurs amis et à leurs familles. Ils seraient dénoncés, exilés peut-être; car, ici, l'Église absorbe la famille comme l'État absorbe le citoyen.

Il est permis de se demander quel effet produirait sur les Napolitains une religion simple et grave, faisant appel à la raison en même temps qu'à la foi, et de rechercher si leurs pratiques grossières et sensualistes ne pourraient pas être remplacées par un culte capable de produire le développement moral qu'elles entravent.

Leurs croyances actuelles ne laissent pas

d'être en harmonie avec leur existence tout extérieure et leur caractère impressionnable. Mais ne doit-on pas supposer qu'une religion purifiée ne tarderait pas à apporter à leurs dispositions et à leurs tendances des modifications profondes? Ces peuples ont eu jadis en partage une plus grande énergie physique et morale; ils ont empêché chez eux l'établissement de l'inquisition. Pourquoi une séve nouvelle et puissante, introduite dans les veines de ce corps épuisé par un régime débilitant, ne lui rendrait-elle pas la vigueur des premières années?

RELIGION, MIRACLES

DEUXIÈME PARTIE

RELIGION, MIRACLES

DEUXIÈME PARTIE

MIRACLE DE SAINT JANVIER

I

Après avoir attiré l'attention sur les images saintes qui parlent, il me reste à passer en revue celles qui agissent. On verra, par leur nombre et leur importance, que Naples est vraiment la terre des prodiges.

Notons d'abord le miracle de saint Aspreno, dont la spécialité est de guérir les gens affligés de douleurs névralgiques. Le patient introduit sa tête dans une ouverture concave pratiquée dans le mur d'une chapelle spécialement consacrée au saint, et, si en la retirant il n'est pas délivré de ses souffrances, du moins n'en sont-elles pas aggravées. Les animaux ont aussi leur protecteur, qui est saint Antoine. A une certaine époque de l'année, on amène près de son église les chevaux de la ville et des environs pour y recevoir, du prêtre délégué à cet effet, une bénédiction qui les préserve de toute maladie.

Puis nous avons le miracle du sang de saint Jean, qui, aux yeux des fidèles, entre en ébullition au moment précis où on lit l'Évangile, et celui plus édifiant encore de l'église *del Carmine*. Le roi et la cour s'y rendent une fois l'an, et, en leur présence, sur la tête d'un Christ en ivoire de dimension colossale, on coupe des cheveux qui ont miraculeusement poussé dans l'intervalle d'une visite à l'autre. Ces précieuses dépouilles sont ensuite distribuées à toute la noble assistance. C'est un puissant préservatif contre toutes sortes de calamités.

Mais le miracle le plus éclatant qui se produise à Naples, celui qui remue le plus vivement la fibre populaire, c'est le miracle de saint Janvier. Il se répète plusieurs fois chaque année depuis le xie siècle ; la ferveur des fidèles, qui ne s'est jamais démentie, méritait bien cette persistance bienveillante du saint martyr à édifier, par un spectacle si étrangement surnaturel, la bonne ville dont il est le patron.

La liquéfaction du sang de saint Janvier et les cérémonies qui l'accompagnent ont été souvent décrites. Elles ont donné lieu à bien des appréciations. Les unes portent l'empreinte d'une piété exaltée et d'une superstition aveugle, tandis que d'autres ne sont que l'expression du doute ou d'une incrédulité railleuse. Les fanatiques et les philosophes ont tour à tour exercé leur verve sur ce sujet, et leurs divers récits donnent lieu à de piquants rapprochements.

Une des plus anciennes relations de ce miracle est contenue dans « la très-curieuse et chevaleresque histoire de la conqueste de Naples par le tres-chrestien et tres-victorieux roy Charles huictiesme de ce nom, » ainsi qu'il est dit ci-après :

« Dimanche III⁰ jour de may le roi ouyt messe a Sainct Genny a Naples qui est la feste de la grant eglise cathedrale ou il y eut grant assemblee de prelats tant cardinaulx evesques et autres preslats constitues en dignités. Et en icelle eglise fut montre au roy le chief de sainct Genny qui est une moult riche chose a veoir, digne et saincte. Quand le roy fut devant le grant autel, on alla querir de son precieux sang en une grant ampole de voirre et fut monstre au roy, et on luy bailla une petite verge dargent pour toucher ledict sang qui estoit dedans l'ampole dur comme pierre a ce que le roy le touchast de la verge dargent, la quelle fut mise sur lautel devant le glorieux sainct, incontinent commenca a eschauffer et a amolir comme le sang dung homme bouillant et frémissant qui est ung des grans miracles que on puisse veoir a present, dont tout le peuple françois tant nobles que autres se donnoient grant merveille. Et disoient les seigneurs de Naples tant deglise que de la ville que par ce precieux chief et sang avoient cognoissance de beaucoup de requestes envers Dieu, car quant ils faisoient leurs prieres si elles estoient bonnes le sang amolissoit, et si elles nestoient de juste requeste il demeuroit dur. Aussi par ce sang avoient la cognoissance de leur prince sil devoit estre leur seigneur ou non. »

Du reste, le bon roi Charles VIII saisit cette occasion de montrer au peuple napolitain que les rois de France avaient aussi le pouvoir de faire des miracles : « Il toucha les malades des escrouelles la deuxiesme fois qui fut belle chose à veoir mesmement a ung tel jour, dont la seigneurie de Naples se donnoit grant merveille. »

Dans d'autres narrations, nous voyons le comte de Perth, lord chancelier d'Écosse sous les Stuarts, verser des larmes d'attendrissement en contemplant le miracle. Il s'abandonne à une pieuse joie en pensant que sa sœur, la comtesse d'Errol, à la vue de cette grâce divine et spéciale, se sentira pressée de se convertir. Son compatriote Addison ne porte point le même jugement que lui sur cette opération; il déclare sans détour qu'il la considère comme la plus insigne jonglerie qu'il ait jamais vue.

Mon opinion est, je l'avoue, de tous points conforme à celle d'Addison, cependant j'ai voulu prendre ma part de ces mystères, parce qu'ils donnent lieu aux scènes de mœurs les plus caractéristiques. Ils sont comme un reflet de ce ciel mythologique dont l'influence entretient dans les âmes un reste de ferment païen.

« Dans le couvent de Vallombreuse, près de Florence, il existe une collection de toutes les images de la Vierge, telles que les ont diversifiées les dévotions particulières et les légendes locales; collection faite par un bon moine jaloux de voir qu'on recueillit les images de Vénus, et qui avait voulu, par un hommage rival, venger de cet hommage profane sa madone adorée (1). » En Italie, chacun ressemble à ce moine; chacun donne à l'image de la madone ou de quelque saint une place dans son sanctuaire domestique.

Toutefois, à Naples, c'est saint Janvier qui prime tous les autres saints. Il domine dans les maisons comme au portail des églises. Son pouvoir est immense; il peut aller jusqu'à susciter ou contenir des émeutes. On s'en est même servi pour faire accepter l'éclairage au gaz, dont le peuple ne voulait pas entendre parler. C'est pourquoi tous les gouvernements qui se sont succédé dans ce royaume ont cherché à flatter et à consolider cette utile superstition.

Dans la fête qui se célèbre sous nos yeux, l'accomplissement du miracle est destiné à rassurer les masses, encore émues des désastres récemment causés par le tremblement de terre. Aussi une foule compacte a-t-elle envahi la ca-

---

(1) Ampère.

thédrale. J'éprouve quelque difficulté à parvenir jusque près de l'autel, dans une enceinte réservée aux personnes marquantes de la ville et aux étrangers. Ce n'est pas, je dois le dire, sans une certaine répugnance que j'assiste à ces pompeuses cérémonies de l'Église catholique. Comme les juifs de Rome qui n'aiment pas à passer sous l'arc de Titus, parce qu'il leur rappelle la destruction de leur nationalité, en marchant sous ces dais et ces bannières, sous ces brillantes décorations de théâtre dressées sur le chemin des processions, en considérant ces images dorées, tous ces objets matériels offerts à la vénération populaire, je songe involontairement que ce superbe étalage cache les ruines de la véritable Église du Christ. Tout ne me rappelle-t-il pas, d'ailleurs, que je suis ici dans « le pays qui a autrefois infligé aux saints un cruel trépas et qui maintenant enseigne à trafiquer de leurs membres dispersés? »

Lorsque j'arrivai près de l'autel, le sang miraculeux de saint Janvier venait d'être tiré du sanctuaire secret où il est précieusement conservé. Un prêtre offrait la relique aux regards des assistants. Elle était renfermée dans une boîte en cristal surmontée d'une couronne d'or. La transparence de cette boîte laisse voir deux fioles. L'une est vide, son contenu ayant été emporté à Madrid par Charles III ; dans l'autre est une matière opaque à laquelle la liquéfaction donne l'apparence du sang. Une riche balustrade sépare le prêtre des spectateurs, qui sont pour la plupart des femmes du peuple vêtues d'étoffes aux vives couleurs. Leurs traits expriment, ou une stupide indifférence, ou un fanatisme grossier. Quelques-unes versent des larmes de contrition et d'attendrissement, et poussent des soupirs enflammés. Distraites par le moindre incident de leurs véhémentes aspirations, ces *parentes de saint Janvier* ressemblent à un acteur interrompu qui reprend tout à coup sa tirade et la physionomie de son rôle. C'est un spectacle à la fois singulier et inquiétant que cette agitation tumultueuse suspendue seulement par les mouvements du prêtre. Celui-ci, tantôt approche la relique des lèvres et des fronts de ces énergumènes, tantôt la présente aux dévots introduits dans l'enceinte réservée, faveur qui excite le mécontentement du peuple lorsqu'elle s'applique à des étrangers. Les Napolitains sont convaincus que la présence de ces curieux peut porter préjudice à l'accomplissement du miracle; ils sont d'autant plus fondés à le croire, que ceux-ci, sans égard pour des susceptibilités bien naturelles, se permettent parfois des conversations et des gestes qui blessent les convenances.

Quelques heures se sont écoulées sans que le miracle se soit produit; le peuple commence à murmurer; puis, des murmures, il passe aux cris, et enfin aux hurlements et aux injures, au milieu desquels on distingue ces expressions de prière et de menace : *San Gennaro, io, credo! Bella testa, facta gialla!* Mais, malgré ces procédés violents, ordinairement efficaces, rien ne bougeant encore, les prêtres entonnent une litanie à laquelle le peuple répond avec une ferveur incroyable. Ces prières frénétiques, succédant aux imprécations désespérées de tout à l'heure, offraient une saisissante image de la mobile vivacité des impressions chez ce peuple à la fois indolent et enthousiaste, calme comme les eaux de son golfe ou terrible dans ses excès comme les torrents de lave qui dévastent ses campagnes.

Saint Janvier tient bon ; les prêtres s'aperçoivent qu'il faut recourir, pour vaincre son obstination, à des moyens plus énergiques. Ils distribuent des cierges, un cortége s'organise, et, de la chapelle, le chef et le sang du saint sont transportés processionnellement au maître-autel, sur lequel ils doivent être placés en regard l'un de l'autre. Pendant la marche du cortége, des femmes tendent leurs enfants vers la sainte ampoule, des hommes versent des larmes de contrition, des infirmes se trainent sur son passage et des vieillards pleurent en tremblant. Autour de l'autel se déploient toutes les richesses de l'Église. Les yeux sont éblouis de ce merveilleux étalage qu'on a rehaussé, pour cette solennité spéciale, de l'exhibition des bustes en argent d'un grand nombre de saints : brillants objets dont le poids fait toute la valeur.

Partout resplendissent l'or et les couleurs; mais ces tentures de velours, ces draperies armoriées, ces ornements de toute sorte semblent plutôt indiquer un lieu de spectacle qu'un lieu de prière. C'est bien un spectacle, en effet, que nous y voyons, et cela sans étonnement, tant l'élément religieux en est absent. Que peuvent dire à l'âme cette grande bonbonnière de broderies rouges et vertes disposée près de l'autel, ces tribunes d'opéra et tout ce luxe d'occasion ajouté au luxe du monument? Je ne nierai pas que l'imagination n'y trouve son compte, et que la pompe du spectacle, la fumée de l'encens, les accords de la musique, ne produisent sur elle une impression qui ne manque ni de charme ni de grandeur. Mais je ne pense pas que l'émotion des sens soit précisément ce que l'on vient chercher dans une église. Je la regarde comme un piége dans lequel on se laisse glisser doucement, enivré qu'on est de cette harmonie extérieure et de cette langueur agréable particulièrement propres à endormir les scrupules.

Le prestige disparaît si, des somptuosités du chœur, le regard s'abaisse sur les assistants qui se pressent dans la nef. Là règne un mouvement confus. On se promène en attendant le miracle, on forme des groupes où les événements du jour sont le sujet de conversations souvent peu édifiantes ; les jeunes gens lorgnent les femmes ; les moines, les abbés, les gardes vont et viennent sans se préoccuper le moins du monde des fidèles agenouillés qui semblent prier dévotement au milieu de cette bruyante cohue.

Dans la première partie du chœur, on remarque, à droite, deux princes napolitains en tenue de cour. Ils représentent le roi. A gauche, est rangé le sénat de la capitale, dont les membres sont comme enfouis dans leurs vastes perruques et leurs costumes bizarres, en partie conservés de la domination espagnole. Sur un signe de leur président, ces majestueux personnages tombent à genoux, puis se relèvent avec cette élasticité qui caractérise les dispositions et les habitudes de certains corps constitués.

Un voyageur raconte qu'il n'a pu voir sans pitié le sénateur de Rome monter au Capitole en perruque et en lunettes, et proclamer devant la foule attentive que le carnaval pouvait commencer. Il aurait sans doute éprouvé le même sentiment en voyant les sénateurs napolitains jouer un rôle plus ridicule encore.

Pour couronner toutes ces splendeurs, voici le cardinal archevêque de Naples qui fait son entrée sous ces voûtes gothiques dorées et blanchies, toutes retentissantes de chants aussi désagréables à l'oreille que peu édifiants. Il s'avance, suivi d'un cortége de camériers, de prélats et de chanoines. Toutes ces démonstrations sont peine perdue; Son Éminence constate par elle-même que le saint est demeuré inflexible; aussi de nouveaux murmures éclatentils de toutes parts; mais les prêtres, qui sont probablement dans le secret des résistances du saint, paraissent s'en inquiéter fort peu, et ils apaisent l'orage et les clameurs en offrant pour la troisième fois le sang précieux à la vénération et aux baisers des fidèles. Pendant une heure, le calme se rétablit, puis les imprécations recommencent au point que la nécessité du miracle devient de plus en plus évidente; alors les officiants s'approchent de l'autel à pas comptés et retirent la sainte ampoule du tabernacle, où, de guerre lasse, elle avait été déposée. Ils l'élèvent lentement et la présentent à l'assemblée surexcitée par une fanatique impatience. O prodige! la liquéfaction du précieux sang s'est accomplie; le saint martyr s'est enfin montré sensible aux prières de ses fidèles, qui, à cette vue, paraissent saisis d'une sorte d'ivresse et font retentir l'immense cathédrale de leurs cris de triomphe et d'allégresse. Notons en passant que, pendant que la liquéfaction du sang de saint Janvier s'opère simultanément à Naples et à Madrid, à Pouzzoles, quelques gouttes du même sang, tombé il y a plus de quinze siècles sur la colonne où le glorieux martyr fut décapité, redeviennent également rouges et liquides. Le peuple en conclut que saint Janvier n'est pas mort, et qu'il ne peut mourir.

Je n'attendis pas la fin de ces bruyantes démonstrations, et je me retirai attristé et humilié de la dégradation religieuse dont témoignaient les manifestations étranges qui venaient d'attirer ma curiosité.

II

Il y a des pompes catholiques qui surprennent l'imagination. L'humble prière adressée à la madone, dans quelque lieu solitaire, sous la petite lumière qui lui est consacrée, peut aussi toucher un cœur de poëte. Mais il n'en est pas moins certain que, parmi les pratiques et les cérémonies religieuses répandues en Italie, il y en a beaucoup qui, suivant que l'esprit des assistants est léger ou sérieux, provoquent l'ironie ou inspirent des sentiments de tristesse et de répulsion. Cela est vrai surtout de la cérémonie que je viens de décrire. Ici, la puérilité des moyens n'a d'égale que l'imprudence avec laquelle on se joue des choses divines. Ce qui peut surprendre, ce n'est pas qu'il se soit trouvé un audacieux inventeur de miracles, mais bien que, pendant une longue suite de siècles, un si grand nombre d'hommes, dont plusieurs ont été considérables par leurs lumières et leur position, aient pu croire à la nécessité de perpétuer une pareille imposture. Triste politique, et peu honorable pour l'humanité, que celle qui fait de l'hypocrisie un instrument d'ambition !

Dans l'exploitation des miracles comme en

tant d'autres pratiques de l'Église romaine, le but des prêtres n'est que trop évident : entretenir la superstition pour affermir et étendre leur pouvoir. Du reste, ni les moyens ni le but n'ont le mérite de la nouveauté, et il est facile de s'assurer qu'en cela, du moins, le catholicisme n'a rien inventé. Si une démonstration était nécessaire, il suffirait de rappeler que, lorsque les Grecs voulaient honorer leurs dieux, ils leur offraient des statues et des tableaux comme on le fait aujourd'hui pour la multitude des saints qui a remplacé la multitude des dieux. On pourrait citer encore les ex-voto retrouvés en si grand nombre dans les temples de Pompéi et auxquels ceux qui remplissent les églises d'Italie ressemblent à s'y méprendre.

Puisque ces exhumations indiscrètes nous reportent vers les croyances de l'antiquité, constatons encore que, du temps d'Horace, à Egnatia, ville disparue dont l'emplacement se trouve dans le royaume de Naples, il s'opérait un miracle analogue à celui de saint Janvier. Dans un des temples de cette cité, à l'occasion de certaines fêtes, l'encens se liquéfiait sans qu'il fût nécessaire de l'approcher du feu. Cette tradition, du moins, a l'avantage de constituer au miracle de saint Janvier une origine d'une vénérable antiquité. C'est ainsi qu'on trouve un reflet des prodiges du paganisme sur les imaginations du moyen âge et sur celles de certains peuples modernes. Ces reflets sont moins apparents en France que dans les contrées méridionales. Aussi les ultramontains ont-ils toujours considéré les pays du Nord comme de nouveaux antres cimmériens. Ils y ont vu un soleil plus terne, des cérémonies moins éclatantes, et ils ont oublié qu'à Rome et autour d'eux s'étaient étendues les pires des ténèbres, les ténèbres de l'esprit.

Chose singulière ! Voltaire a défendu saint Janvier ! Il déclare que très-probablement les imaginations ardentes des climats chauds ont besoin de signes visibles qui les mettent continuellement sous la main de la Divinité, et que ces signes ne pourront être abolis que quand ils seront méprisés du même peuple qui les révère. Machiavel est du même avis en ce qui touche ces dévotions, parce que le culte qu'elles consacrent a pu être utilisé par divers gouvernements et qu'il a parfois prévenu des malheurs publics. Et cependant voilà des personnages qui ont donné des preuves non équivoques de leur peu de sympathie, on pourrait dire de leur aversion pour la religion chrétienne. Il est vrai qu'ils ne la considéraient que comme un moyen d'action sur les masses ignorantes.

En ce qui concerne l'utilité pratique de certains rites religieux, il est assez curieux de voir le clergé et les papes partager l'avis des coryphées de l'incrédulité. Pie IX lui-même a montré en mainte occasion le cas et l'application que l'on devait faire de certaines formules catholiques, objet de la vénération des peuples. Comme exemple, je rappellerai seulement ce qui se passa lors de sa rentrée dans sa capitale, au commencement des troubles de 1848. Le jour où l'on attendait son retour, une foule immense sortit de la ville comme pour lui souhaiter la bienvenue. Mais cette foule ne tarda pas à prendre une attitude hostile, et, s'animant par degrés, ne se fit pas scrupule de barrer violemment le passage à l'escorte papale. Le souverain pontife, péniblement surpris, demanda à connaître la cause de cette démonstration inusitée. « Parce que nous voulons que le gouverneur de Rome soit changé ! » répondit d'une voix plus ou moins cicéronienne un tribun populaire. Le pape, effrayé du ton de la demande et des signes d'effervescence qui se manifestaient contre lui, ne trouva rien de mieux que d'avoir recours... à une bénédiction. Sur un signe de sa main, le peuple grondant, mais terrassé, tombe à genoux ; le pape le bénit, un peu lestement peut-être, et, profitant de l'humble position de ses sujets, tout à l'heure si redoutables, son escorte et lui partent au galop et se perdent bientôt dans un nuage de poussière. Ces moyens n'ont pas toujours réussi à Pie IX ; néanmoins il a été plus heureux dans son exil qu'un de ses prédécesseurs, Hildebrand, qui s'était écrié sur les rivages de Naples : *Dilexi justitiam et adivi iniquitatem; ergo morior in exilio.*

III

Quoi qu'il en soit de ces procédés divers, prétendus miracles ou bénédictions de circonstance, dont plusieurs ont malheureusement pour eux la consécration de l'usage et l'assentiment des siècles, je ne puis m'empêcher de penser qu'une Église qui consent à s'appuyer sur de pareilles manœuvres porte en elle un principe de mort et doit se résigner à rencontrer dans son sein, ou une foi qui ne s'adresse qu'aux formes, ou une incrédulité qui trouve sa source dans les moyens mêmes par lesquels cette Église croit affermir son autorité. Ce dernier et déplorable résultat est plus saillant à Naples qu'ailleurs, à cause de la richesse et de la variété du répertoire ecclésiastique. Voici ce qu'a consigné à ce sujet l'évêque anglican Burnet dans la relation de son voyage en Italie, datant de près de deux siècles :

« A la vérité, dit-il avec une naïve simplicité, il faut avouer qu'il y a à Naples plusieurs personnes d'esprit qui, n'ayant point d'autre idée de la religion chrétienne que ce qu'elles en voient chez elles, ne sont pas éloignées de n'en rien croire du tout; car, y trouvant diverses parties où la tromperie et la niaiserie paraissent manifestement, cela les porte à croire qu'il pourrait bien en être de même pour tout le reste. » Et il ajoute : « Leurs prédicateurs sont tout à fait pitoyables; je vis un jésuite allant à une manière de procession, lequel, quoique bien accompagné, ne laissait pas que d'appeler tous ceux qu'il voyait et de les exhorter à le suivre. Étant ensuite arrivé à une place où un charlatan distribuait ses drogues, il y prit place et y entretint le peuple bouffonnement, jusqu'à ce que, le charlatan s'étant retiré, il quittât aussi la partie, craignant que la compagnie, n'ayant plus que lui pour acteur, ne s'ennuyât et ne le laissât prêcher seul. »

Cette esquisse, peut-être un peu ironique pour un évêque, est encore aujourd'hui parfaitement exacte. Cependant l'Église romaine a plus que jamais la prétention de dominer les esprits et les consciences; elle est convaincue qu'elle a conquis et conservé dans le monde spirituel le pouvoir que la Rome païenne exerça sur le monde matériel. Il semblerait, à l'en croire, qu'il y ait toujours en elle surabondance de talents supérieurs et d'âmes héroïques; tandis qu'il n'est que trop certain que chez elle la dévotion est devenue métier, et que la pensée religieuse manque à un grand nombre de ceux qui y exercent le saint ministère. Si le catholicisme a été doué d'une grande puissance de vie, c'est qu'à l'origine ses racines ont plongé dans l'Évangile. Mais l'arbre, en grandissant, au lieu de jeter ses rameaux vers le ciel, les a laissés s'incliner et ramper sur la terre.

L'élément évangélique ne suffisant plus à l'Église romaine, elle y a ajouté l'élément humain. Elles les a fondus ensemble dans l'intérêt de sa grandeur, et a établi son pouvoir dans le monde, autant sur ce qu'elle renferme de vérités que sur ce qu'elle contient d'erreurs. Habileté profonde autant que dangereuse, dont le but est de maintenir un difficile équilibre entre les éléments qui satisfont les besoins spirituels de l'homme et ceux qui flattent ses sens et son imagination.

L'importance de cet équilibre est sérieuse, car, si le spiritualisme domine, le catholicisme n'est plus lui-même; et, si le sensualisme prévaut à son tour, c'est la perte de la religion. A voir ce singulier mélange des choses du ciel et des choses de la terre, ces étranges accommodements avec Dieu, on pourrait croire que ce n'est pas le Christ qui a établi l'Église, mais l'Église qui a inventé un Christ à son image. On n'y entend plus qu'un faible écho de cette voix qui disait aux pêcheurs de Galilée : « Levez-vous, marchez et courez au bout du monde. » Ce n'est plus le *fiat lux* de la *Genèse*.

Loin de moi la pensée que, dans la nombreuse assemblée où je me trouvais tout à l'heure, il n'y eût quelques hommes d'une piété véritable, sincèrement attachés à la religion, qui adorent des symboles là où nous ne trouvons qu'une condamnable parodie, et qui voient une représentation solennelle des choses saintes dans ces pompes qui, selon nous, défigurent la majestueuse simplicité des vérités chrétiennes. Dans les classes supérieures, on est assez d'accord sur la nécessité d'une réforme générale; mais personne ne s'y prépare par une réforme individuelle. Il y aurait néanmoins de l'injustice, en jugeant ce peuple, à ne pas mettre dans la balance les causes permanentes qui agissent sur ses habitudes et sur ses mœurs. Son climat, les besoins de sa vive et mobile imagination, les dispositions spéciales de son intelligence, plus prompte à saisir que disposée à retenir, plus éprise de l'éclat que de la profondeur, sont autant de circonstances atténuantes dont il faut lui tenir compte. Il faut lui tenir compte enfin de son amour du *far-niente*, s'alliant si bien à cette sorte d'activité fanatique qui le rend avide de légendes merveilleuses et de cérémonies où la poudre et les illuminations ont infiniment plus de part que le sentiment. On ne saurait méconnaitre, d'ailleurs, que, s'il redoute tout ce qui pourrait lui créer de fortes obligations morales, il a montré parfois qu'il ne reculait pas devant l'héroïsme et le martyre : efforts suivis, il est vrai, de promptes défaillances, lueurs vives qui ne font que passer en laissant après elles les ténèbres plus épaisses.

On se souvient peut-être de la véhémente boutade d'Alfieri sur la ville éternelle, « où l'on ne rencontre, dit-il, que des visages amaigris, marqués du sceau de l'oppression, une population lâche et paresseuse, un sénat orgueilleux et non libre, de riches patriciens encore plus sots que riches, des prêtres que béatifie la sottise de leur prochain, une cité sans citoyens, des temples augustes sans religion. »

Plusieurs de ces traits ne peuvent que trop bien s'appliquer à Naples. Néanmoins, la Providence a si richement doté ces contrées, qu'on pourrait encore s'écrier en les parcourant : « Heureux pays s'il manquait de maîtres, ou si ses maîtres avaient honte de manquer de foi ! »

FÊTES

ET

PRATIQUES RELIGIEUSES

FÊTES

ET

PRATIQUES RELIGIEUSES

I

C'est pendant la célébration des fêtes de Pâques que les habitudes et les pratiques religieuses des Napolitains se révèlent au voyageur sous leur aspect le plus caractéristique et le plus piquant. Les cérémonies de cette solennité mettent en relief un étrange assemblage, un pêle-mêle incohérent d'usages superstitieux et de dévotions à demi païennes, œuvre des siècles et des passions humaines, sous lesquelles la vérité languit et s'étiole comme un arbre précieux que des plantes parasites priveraient de séve et de lumière.

Les devoirs extérieurs du carême sont scrupuleusement observés; les églises sont, pour ainsi dire, assiégées jour et nuit. On écoute avec avidité les sermons des missionnaires; à la vivacité de leurs gestes, à leur ardeur inspirée, à leurs menaces ou à leurs pathétiques supplications, on répond par des gémissements et des larmes, par des témoignages d'intime et profonde affliction, et même par des évanouissements bien qualifiés, dont la réalité prouve sans réplique la contrition des pêcheurs. Quelques-uns de ces discours sont plus spécialement destinés aux classes élevées; ils sont ordinairement prononcés par des jésuites ou des dominicains, et consistent en un certain nombre de lieux communs toujours les mêmes, revêtus d'expressions ambitieuses et couronnés par de pompeuses péroraisons. D'autres s'adressent au peuple;

les capucins ou les franciscains qui les débitent adoptent des formes oratoires en rapport avec les habitudes de leurs auditeurs. Non contents d'invoquer les saints, ils interpellent le crucifix dont ils sont toujours munis, et ne se font pas scrupule de lui adresser des questions souvent burlesques et inconvenantes. Dans l'église Santa-Teresa, j'ai vu un gros capucin doué, malgré son embonpoint, d'une incroyable agilité, interrompre tout à coup son discours pour s'approcher d'une statue de la Vierge placée à sa portée; il se mit, avec un accent et des gestes intraduisibles, à solliciter son intercession pour une certaine classe de pécheresses qui se trouvaient dans l'église; comme apparemment la madone ne répondait pas assez promptement, le moine s'élance de nouveau vers elle et, la prenant dans ses bras, se met à redoubler ses supplications. Peine perdue! la Vierge reste muette. Alors il se tourne vers le peuple et s'écrie qu'elle refuse d'intercéder! Sans doute, elle s'afflige de voir tant de pécheresses devant elle, et désire qu'on lui voile la face. » Et, sans plus de cérémonie, il relève une partie des vêtements de la madone et lui en couvre le visage. A ce spectacle, le peuple au désespoir, bien convaincu de la colère divine, pousse des cris déchirants; quelques femmes se roulent sur les dalles et s'arrachent les cheveux. Le capucin reprend la parole : « Pleurez, s'écrie-t-il, désespérez-vous, rien de mieux; mais surtout donnez à l'église ! — Pourquoi faire? me demanderez-vous. — Cela ne vous regarde pas! Donnez toujours; nous n'aurons pas longtemps encore la peine de prier pour vous. Encore deux soirées, *poi piu niente!* » ajouta le robuste et grossier personnage, en accompagnant ces dernières paroles d'un geste négatif napolitain aussi expressif que vulgaire. Aussitôt les gémissements cessèrent et les auditeurs recouvrèrent toute leur insouciante gaieté. Il en est des Napolitains comme de ces gens qui pleurent au théâtre sur des malheurs imaginaires. Leur émotion cesse dès que la toile est baissée.

Dans toutes les églises, à la péroraison de

chaque discours, j'ai retrouvé l'accompagnement des gémissements et des sanglots expiatoires : ces démonstrations sont de rigueur à cette époque. Les consciences peuvent se laisser troubler un moment; elles ont le reste de l'année pour se remettre.

Le jeudi et le vendredi saints, tout mouvement de voitures cesse dans Naples; la vie de cette bruyante cité paraît suspendue. On nous dit tout simplement que, le Sauveur étant descendu au tombeau, nous pouvons bien aller à pied; mortification grande, en effet, fatigue singulière pour un peuple qui ne marche jamais. Il est vrai que de cet usage espagnol d'aller à pied, institué à l'occasion de la plus imposante des solennités chrétiennes, il a fait une distraction et un divertissement. Sous prétexte d'accomplir ses dévotions dans sept églises, toute la population, en habits de fête, se rend dans la rue de Tolède, transformée en une immense galerie accessible à toutes les classes de la société. On s'étonne de cette paisible et libre circulation sur un terrain d'ordinaire si bruyant et si dangereux pour les piétons. La nouveauté de la situation donne aux rencontres un piquant inaccoutumé. Chacun apporte dans cette élégante avenue, non les graves pensées que devraient inspirer ces jours de deuil, mais une gaieté fort mal appropriée à la circonstance, et qui contraste étrangement avec le but avoué de la fête. On se cherche des yeux, les conversations s'engagent, les intrigues se nouent, les sourires et les gestes d'amitié se croisent avec le même entrain et le même abandon qu'aux galas de San-Carlo.

Autrefois, les femmes ne paraissaient ce jour-là dans la rue de Tolède que vêtues de noir; les Napolitains ont trouvé à ce costume un aspect trop lugubre, et maintenant les couleurs les plus voyantes sont les plus recherchées. En des temps plus heureux, le roi, suivi de toute sa famille, parcourait Tolède et visitait dévotement les sept églises; aujourd'hui, dans son exil volontaire, il en est réduit aux chapelles solitaires de son palais de Gaëte ou de Caserte. Quelques *persone reale* daignent cependant se montrer dans les rues; elles sont suivies d'une multitude émerveillée de voir des princes marcher comme de simples mortels : ce sont les dieux descendus de l'Olympe pour se promener dans les rues d'Athènes. Toutes les démarcations sociales, d'ailleurs, semblent avoir disparu ; partout règne un air de familiarité et de bonhomie qu'on ne retrouve pas toujours chez des peuples qui ont la réputation d'être plus heureux et plus libres. Les stations habituellement occupées par les voitures le sont, ces jours-là, par des chaises à porteur, antiques monuments de la locomotion des siècles passés, fiers de recouvrer, ne fût-ce que pour quarante-huit heures, la considération dont ils ont joui autrefois.

L'aspect du tombeau, dans la plupart des églises, n'offrait rien de lugubre ; il était souvent reproduit avec des détails dignes du moyen âge.

Une cérémonie qui paraît impressionner vivement la foule est celle de l'enlèvement du voile funèbre dont la croix et le maître-autel sont recouverts pendant les heures des ténèbres. J'ai assisté, dans l'église des Jésuites, à cette cérémonie symbolique, qui se célèbre le samedi, et non le dimanche, comme l'exigerait la stricte observation des dates. Le vaste édifice était plongé dans l'obscurité; on n'entendait que le chant triste et monotone des litanies psalmodiées par des êtres invisibles dans les sombres profondeurs de la nef. Tout à coup, sur les marbres, sur les dorures de la majestueuse enceinte, jaillissent des flots de lumière; le voile funèbre tombe, laissant apparaître dans tout leur éclat le maître-autel et la croix resplendissante qui le domine. Les cloches sonnent à toute volée; leur joyeux carillon se mêle aux détonations de l'artillerie placée devant l'église, pour annoncer au monde la victoire de la lumière sur les ténèbres.

Dans toutes les fêtes se révèle le goût théâtral des Italiens. Il est rare qu'ils atteignent le beau idéal; presque toujours le clinquant leur suffit. Pendant les fêtes de la Nativité, plus encore qu'à celles de Pâques, ils donnent carrière à leur passion pour les oripeaux et les spectacles, où se complaît leur caractère superstitieux. Dans toutes les églises et dans la plupart des palais, on dresse une sorte de théâtre représentant des crèches entourées de grotesques paysages avec des groupes de bergers et de bergères sautant et folâtrant comme leurs troupeaux. On y voit figurer aussi des personnages et des animaux fantastiques, des villes avec des clochers, des soldats armés de fusils. Ordinairement, les figures sont en bois; elles dénotent un talent remarquable chez les sculpteurs de bas étage, si nombreux à Naples. On voit que le temps et l'argent ne manquent ici que pour les œuvres utiles. On sait en trouver pour les puérilités dont se composent ces fêtes et ces représentations. Il n'est pas jusqu'à Polichinelle qui n'y contribue; le jour des Morts, il joue au bénéfice des âmes retenues en purgatoire.

Après avoir pris sa part de ces divertissements plus ou moins religieux, chacun rentre chez soi sans y rapporter une seule pensée sérieuse, une seule impression morale. Il ne faut pas s'en étonner, puisque, dans cette agitation et dans ces pompes, il n'y a pas le plus petit mot pour l'âme; tout est à l'adresse des sens. Les Napolitains n'en éprouvent pas moins ce sentiment de naïve satisfaction qui naît de la conscience du devoir accompli.

On a visité le saint tombeau; plus qu'en tout autre temps, on s'est agenouillé devant les images d'une multitude de chapelles privilégiées; on a doublé ses offrandes à la madone et aux saints; on s'est épuisé de fatigue par une marche inaccoutumée. Il faudrait être bien sévère pour ne pas convenir que de si dévotes démonstrations sont plus que suffisantes pour apaiser la justice divine et rassurer tant d'honnêtes gens sur leur avenir spirituel.

II

Parmi les usages religieux, les services funèbres sont ceux qui reproduisent le plus fidèlement les anciennes coutumes. J'ai eu occasion de voir celui du prince P. Torelli, frappé d'apoplexie dans sa voiture en revenant du bal de l'Académie. Ces morts subites, au sortir d'une fête, sont de bien terribles avertissements de la fragilité humaine. En 1800, le père de ce prince, un des plus grands seigneurs de Naples, ayant pris le parti des Français et monté la garde au pied de l'arbre de la liberté, fut, au retour du roi Ferdinand, banni avec une partie de la noblesse napolitaine. Un la Rochefoucauld en exil s'était fait cuisinier ; de société avec quelques-uns de ses nobles amis, le prince Torelli ouvrit à Paris une boutique de macaroni. Son fils, rentré à Naples, recouvra la fortune de sa famille. Sa générosité, unie à son mérite personnel, ont fait de sa mort un deuil public. Le corps avait été transporté dans une splendide voiture de gala à San-Ferdinando. L'Église était convertie en chapelle ardente; l'éclat de mille cierges resplendissait autour du catafalque ou se perdait dans la sombre et mystérieuse profondeur des voûtes. Le défunt reposait à découvert sur une sorte de corbeille dorée. Il était revêtu de ses plus riches habits, décoré de tous ses insignes; une légère couche de carmin habilement nuancée avait rendu à ses traits l'apparence de la vie. Ce peuple a une telle antipathie pour les idées sérieuses, qu'il farde jusqu'à la mort.

Par son immobilité de statue tombale, par son profond repos qui déjà portait l'empreinte de l'éternité, le mort semblait protester contre le bruit et le mouvement tumultueux qui régnaient autour de lui, contre ces chants d'opéra, cet éclat des lumières et ces magnificences si déplacées sur le seuil d'une tombe.

Au milieu de cette foule agitée et différente, venue pour contempler un spectacle, je remarquai un pauvre vieillard qui sanglotait en sortant de l'église. Les larmes de ce pauvre homme honoraient mieux la mémoire du défunt que tant de splendeurs et de douleurs officielles.

III

Un autre jour, je fus témoin, dans la même église, d'une grande *fonction* consacrée à l'adoration du saint sacrement, la fête des *Quarante heures*. Le roi devant prendre part à la cérémonie en sa qualité de prieur de la congrégation des nobles, la police avait eu soin d'interdire au public l'entrée du temple.

Lorsque je me présentai à la porte, un aide des cérémonies m'interpella : *Siete Inglese o Francese?* — *Francese*, répondis-je ; sans quoi, la porte restait close. Il est vrai qu'il y avait une ressource — la clef d'argent — triste expédient, surtout à l'entrée d'une église, et auquel je n'ai recours qu'à la dernière extrémité. Pour faire usage de la séduction, il faut supposer, chez l'homme qu'on veut séduire, un certain degré de dépravation morale trop commun en Italie, mais sur lequel on essaye de se faire illusion par respect pour sa propre dignité. Cette question : *Siete Inglese?* pour le dire en passant, indique qu'il est des cérémonies religieuses dont on tâche d'exclure les Anglais à cause de leur attitude souvent peu respectueuse. C'est ce qui a failli me faire fermer l'entrée de Saint-Ferdinand et me priver de la vue de notre excellent roi. *Sa Majesté Notre Seigneur*, comme disent les fidèles Napolitains, était attendue de Gaëte. Toute la royale congrégation se mêlait aux gentilshommes de la chambre, aux gardes du corps et autres officiers de la couronne. Chacun de ses membres était revêtu d'une longue tunique de toile blanche dont l'effet était véritablement burlesque au milieu des brillants uniformes derrière lesquels semblaient se réfugier ces moines d'occasion, si légèrement ou plutôt si grotesquement accoutrés. Se figure-t-on toute la noblesse de Naples en chemise pour la plus grande édification des fidèles! Si ce simple appareil est destiné à représenter la misère et la nudité morale de l'homme, tout est pour le mieux; mais quel est celui de ces faux moines qui ait jamais songé à ces questions peu réjouissantes? On a peine à comprendre comment des gens sérieux peuvent consentir à faire partie d'une pareille mascarade à propos de l'adoration du saint sacrement. On s'aperçoit bien que la crainte du ridicule n'exerce pas ici le même empire qu'en France; chacun joue son rôle sans s'inquiéter de son voisin et se livre à un exercice machinal qui, pour les uns, n'est qu'une habitude, pour les autres un *divertimento*.

Un mouvement extraordinaire se manifesta bientôt parmi tous ces fantômes. Dehors, le tambour battant aux champs annonçait l'approche du roi. Sa Majesté fut reçue par la congrégation avec de grandes démonstrations de respect; elle accueillit ces hommages multipliés avec une bienveillance et une bonhomie qui n'annonçaient point l'âme d'un tyran. Le roi m'a paru avoir gagné beaucoup d'embonpoint : c'est peut-être ainsi qu'il entend le progrès. Il s'avança d'un air affable au milieu de cette foule empressée; mais, sous ces sourires majestueusement paternels, je crus remarquer une expression mal dissimulée de gêne et de défiance. Comme sa police, il croit voir des assassins partout; non sans quelque raison, car on affirmait que, le matin même, quatre sectaires mazziniens, dont le dogme est d'égorger les rois pour gagner le ciel, avaient débarqué à Naples. Du reste, rien ne peut arrêter le roi dans l'accomplissement de ses devoirs religieux; si son caractère n'est pas celui d'un héros, sa conscience du moins est celle d'un dévot.

Durant la cérémonie, il se livra à de nombreuses génuflexions et fit montre d'un profond recueillement. Je ne veux point en contester la sincérité, malgré les apparences qui semblaient plutôt se conformer aux nécessités de l'étiquette que traduire un sentiment de sincère piété. Je n'ai jamais pu voir un souverain remplir les devoirs du culte sans éprouver pour lui une sorte de pitié. Les cérémonies auxquelles il prend part dégénèrent en un spectacle dont il est le principal acteur. Tout est réglé d'avance dans son attitude. L'étiquette lui a imposé ce qu'il a à faire, à quel instant il doit le faire; comment il doit s'agenouiller, et comment se relever. Vaines formalités, qui asservissent aux lois du monde les aspirations de l'âme, fatale élévation qui éloigne l'homme de son Créateur.

Pendant la cérémonie, la garde royale accomplit ses mouvements avec beaucoup de précision.

C'est le propre des troupes napolitaines de manœuvrer dans les églises mieux que sur les champs de bataille.

CHIAJA

CHIAJA

I

A Naples, on vit sur son balcon; on jouit, sans jamais s'en lasser, d'une vue radieuse. On s'enivre des brises fortifiantes de la mer ; des parfums d'un printemps éternel qu'exhalent les jardins, dont les grands arbres toujours verts reposent les yeux du miroitement nacré du golfe ; du mélodieux murmure des flots caressant la grève ; du mouvement de tout un peuple qui s'agite gaiement au soleil. On respire avec délices cette atmosphère limpide, tout imprégnée de poésie et de langueur, et, si l'on se demande :

En moi qui t'a créé, plaisir de l'existence?

on sent au fond de son âme un élan de religieuse gratitude, sentiment qui est encore une jouissance, car il élève et sanctifie toutes les autres.

Beauté et variété des lignes, richesse du coloris, transparence de la lumière, le tableau est complet. De mes fenêtres, je puis faire un cours d'esthétique. L'art s'y trouve représenté par les coupoles et les palais, dont les proportions architecturales rappellent à la fois Gênes et les cités de l'Orient; la nature, par le golfe, nappe azurée qui s'étend joyeuse et brillante, et m'envoie ses rayonnements dorés au travers des poivriers et des chênes. Quant à la poésie, cette éclatante et grandiose perspective en est inondée. Elle s'y reflète partout, comme la vie paisible et insouciante des Napolitains se reflète elle-même dans ce paisible et radieux miroir de la Méditerranée.

On se prend à répéter ces vers des *Méditations* :

> L'Océan, amoureux de ces rives tranquilles,
> Calme, en baignant leur pied, ses orageux transports,
> Et, pressant dans ses bras ces golfes et ces îles,
> De son humide haleine en rafraîchit les bords.

A droite, fuit la colline de Pausilippe ; ses sinuosités verdoyantes et ses promontoires se couronnent de palais ou de villas, dont les jardins remplis de fleurs et d'arbres exotiques sont autant de vastes serres à ciel ouvert. Dans le premier repli de la colline, à l'entrée même de la grotte de Pouzzoles, on distingue un mamelon sur lequel des ruines se confondent, par leur teinte grisâtre, avec la mousse dont il est revêtu. C'est la tombe de Virgile. C'est là que l'ombre mélancolique du poëte repose, à l'entrée d'un de ces sombres passages où sa muse guidait Énée descendant aux enfers. Plus loin, apparaît la villa Angri-Doria, qui domine la mer. On dirait quelque temple de la Grèce païenne planant comme un spectre sur ces rivages. Plus loin encore, s'élève fièrement le palais de la reine Jeanne, dont le nom rappelle tant de chevaleresques actions et tant de crimes. Aujourd'hui, ses appartements en ruine n'offrent d'abri qu'à de pauvres pêcheurs exilés de Chiaja. J'oubliais de noter en passant Santa-Maria del Parto et la tombe du poëte Sannazar, superbe monument chrétien décoré de statues représentant Apollon et les Muses. C'est là une dissonnance à laquelle personne ne prend garde dans un pays où se rencontrent saint Jupiter et sainte Vénus. Au dernier plan, la villa Minutoli et celle du comte d'Aquila surgissent à demi cachées sous des massifs de chênes verts, de pins ombellifères et d'orangers. Il ne manque à cette perspective que quelques palmiers de plus. Avec sa taille élancée et sa tête inclinée comme celle d'un promeneur pensif, cet arbre sert à marquer la transition entre l'Europe et l'Afrique. Hôte étranger, sa présence annonce qu'on approche de la terre aimée du soleil.

Du côté opposé, se développent la brillante ligne de Chiaja et les avenues fleuries de la Villa-Reale. Cette dernière est dominée, au levant, par le quartier de Pizzo-Falcone, blanche ville comme suspendue dans les airs avec ses dômes et ses palais à terrasse. Le château de l'OEuf (œuvre de Jean de Pise), détaché du rivage, semble un vaisseau toujours à l'ancre; il se profile pittoresquement sur les côtes vaporeuses de Castellamare et de Sorrente, dont le relief accidenté plonge brusquement dans la mer, à la pointe de la Campanella, pour renaître et dessiner à l'horizon les cimes bleuâtres de Capri. L'île de Tibère flotte comme un nuage sur le ciel brûlant; on dirait un fantôme qui se dérobe dans la brume du matin, puis secoue sa robe de vapeurs, et reparaît comme un voyageur capricieux, mais trop épris de ce beau golfe pour ne pas y revenir toujours.

Sur les rives du Léman, le regard du voyageur aime à se reporter vers les cimes majestueuses du mont Blanc. Près de cet autre Léman aux proportions plus vastes, à l'azur plus limpide, les yeux sont attirés par le Vésuve, noir anachronisme de lave jeté dans les campagnes riantes, forge fumante des Cyclopes, trouble-fête que Portici et d'autres villes prospères ont entouré d'une ceinture de palais, comme pour le désarmer par une marque de confiance.

Quelque magnifique que soit cette perspective, une source d'impressions plus délicieuses encore, c'est cette atmosphère tiède et partout lumineuse qui baigne tous les objets et semble les environner d'une blonde auréole. Voilà bien cet air plus pur qui, selon Virgile, « inonde les campagnes des champs Élysées et les revêt d'une lumière de pourpre. » Les îles et les montagnes lointaines semblent nager au sein du rayonnement à la fois éclatant et doux de cet horizon méridional. La moindre vapeur qui s'élève de la mer prend un corps, et le regard indécis ne peut distinguer si ces diaphanes apparitions tiennent au ciel ou à la terre.

Aimer cette lumière, c'est aimer la vie. On

sent mieux ici qu'ailleurs l'éloquence de ce cri de Gœthe mourant : « Plus de lumière ! plus de lumière ! » Nous sommes dans le pays des songes : les enchantements succèdent aux enchantements ; c'est une fête de chaque jour. Tout est si harmonieux dans cet immense tableau, tout y paraît si bien à sa place, que sa vue n'inspire qu'un sentiment, celui d'une inaltérable félicité. Cette harmonie pénétrante et cette paix si douce sont un des caractères propres à la nature napolitaine : sous leur influence, la tristesse se calme, l'ambition s'apaise, les peines de l'âme s'émoussent. On s'abandonne à une sorte de ravissement dont le seul inconvénient est de produire l'engourdissement de nos facultés actives.

Cette langueur physique réagit sur les facultés de l'esprit ; l'imagination, attirée par les choses extérieures, ne permet pas à l'âme de se replier sur elle-même. Continuellement distraits et absorbés par tant de douces sensations, où prendrions-nous le temps et la force de nous recueillir et de nous étudier? S'étudier, c'est travailler, et le travail serait mal venu à déranger ce calme *lieto e delizioso* où l'on s'assoupit mollement, ce charmant demi-sommeil du matin où les sensations flottent entre le songe et la réalité. La plupart du temps, les Napolitains s'ignorent eux-mêmes ; ils ont beaucoup de poésie et d'imagination sans le savoir. Leur soleil, qui active d'abord, puis ralentit la végétation, s'oppose aussi au développement de la pensée et de l'activité physique, sans rien ôter à l'esprit de sa vivacité superficielle et au cœur de son irrésistible spontanéité. On rencontre, sous ce climat, moins d'ambition tourmentée, moins d'âpreté à la recherche de la fortune. La misère n'y traîne pas à sa suite le triste cortége de souffrances qui l'accompagne ailleurs. On doit même y trouver un certain plaisir à faire vœu de pauvreté, si l'on en juge par la multitude des moines mendiants.

II

Si des régions aériennes j'abaisse les yeux sur le large quai qui se développe à mes pieds, le changement de scène est complet. Autant il y a de calme au loin, autant il y a de mouvement sous mon balcon. Le matin, en venant respirer les fraîches senteurs du rivage, je trouve mes voisins les lazzaroni établis dans la rue. Les enfants jouent sur les larges dalles, car d'école, il n'en est pas question ; les femmes causent en filant, ou se livrent à une sorte d'agitation qui tient toujours du *far-niente*. Il n'y a pas de coin du feu. Ce symbole religieux de la famille ; ce théâtre modeste des joies domestiques, les plus vives parce qu'elles sont les plus pures ; ce témoin journalier de notre existence intime est chose inconnue à Naples; et, si le mot de Walter Scott était rigoureusement vrai : « Dites-moi comment un peuple se chauffe et je vous dirai ce qu'est pour lui la famille, » à Naples, elle n'existerait pas du tout. Les hommes sont groupés sur la plage. Ces fils de Masaniello tirent leurs filets, lentement, à leur aise ; leur vie entière s'écoule sur ce petit coin de sable. On n'a qu'à considérer leur joyeuse insouciance pour s'assurer qu'ils ne changeraient pas leur fortune contre celle de beaucoup de grands seigneurs dont les équipages roulent devant eux. Ces hommes primitifs, à peine vêtus, représentent l'état sauvage au milieu de la civilisation. Leur existence dans le quartier le plus brillant d'une grande ville est une de ces anomalies, un de ces contrastes singuliers dont ce pays abonde. Il en est de même de ces nombreux troupeaux de chèvres qui défilent matin et soir sans se préoccuper le moins du monde de l'effet qu'ils produisent au milieu des piétons et des voitures. Le roi a essayé de se débarrasser des gens et des bêtes, mais ses louables intentions ont échoué devant l'opiniâtreté des uns et des autres. Nos pêcheurs exilés à Bagnoli, nos pâtres consignés aux barrières ont arrêté sa voiture, se sont bravement jetés sous les pieds des chevaux, jusqu'à ce que ce roi débonnaire les eût réintégrés dans ce qu'ils regardent comme leur bien, le rivage et le soleil de Chiaja. Entre ces pêcheurs, mes voisins sont, à tout prendre, les moins sauvages. L'habitude qu'ils ont de se mêler à la foule élégante des promeneurs et des équipages leur donne, relativement bien entendu, un vernis de gens comme il faut. Ceux de Santa-Lucia ont déjà une allure plus pétulante et plus débraillée, mais leurs confrères de la Marinella sont les modèles du genre.

Leur réunion sur la plage est une sorte de fourmillement qu'on ne peut se figurer sans l'avoir vu. Ils se défient des hommes civilisés; ils ne permettent même pas qu'on dessine leurs embarcations. C'est cependant sous ces haillons sordides que le principe du droit monarchique a poussé ses plus solides racines. En France, la noblesse est légitimiste et le peuple à demi républicain ; à Naples, c'est le contraire qui a lieu. La noblesse a peu de goût pour les Bourbons ; le peuple les adore. On sait que les lazzaroni se sont montrés les fidèles sujets d'un roi qui s'était fait lazzarone (Ferdinand Ier), tandis qu'ils n'obéirent qu'en murmurant à un lazzarone qui s'était fait roi (Murat). Ferdinand II, quoique d'un abord moins facile, affecte une grande familiarité avec le bas peuple, plus encore par goût que par calcul politique. En 1848, tous ces braves gens lui témoignaient leur fidélité en criant : *A bas la constitution!* et en lui demandant l'autorisation de piller la rue de Tolède habitée par les libéraux. Le peuple de Paris, en 1789, prenait le *veto* pour un impôt qu'il fallait abolir ou pour un ennemi qu'il fallait mettre à la lanterne ; le peuple de Naples n'a pas, aujourd'hui encore, une idée beaucoup plus nette de la constitution. Il ne fallut pas moins, pour le contenir, que la présence du roi lui-même. Ce n'est qu'avec beaucoup de peine et à grand renfort de pathétiques discours dans un langage inimitable, qu'il parvint à empêcher cette foule exaltée et trop fidèle de se porter aux derniers excès. C'est ainsi qu'on attribue aux rois sans génie le mérite d'actions louables qui étaient pour eux des nécessités de situation, de mœurs ou de préjugés.

Avides et paresseux en même temps, ardents et flegmatiques, défiants et bavards, superstitieux sans religion, interrompant une phrase sentimentale pour commettre les plus grandes atrocités, rendant au pouvoir et à la richesse une sorte de culte servile, tel est le caractère de ces soutiens du trône et de l'autel. J'ai dit ailleurs comment ils entendent la liberté. Doués naturellement d'une vive intelligence, ils déploient une sagacité d'autant plus surprenante, que cette intelligence est absolument privée de culture. Un célèbre prestidigitateur ayant récemment donné une représentation devant une assemblée de lazzaroni, on entendit quelques-uns d'entre eux s'écrier, en s'adressant à lui au milieu de ses tours les plus compliqués : « C'est assez, nous avons compris !» Dès le lendemain, l'un d'eux reproduisait, devant un nombreux public, plusieurs des tours exécutés la veille par l'artiste, surpris de voir les secrets de sa magie si aisément dévoilés.

Tout passe dans ce monde. Les lazzaroni de la vieille roche tendent à disparaître. Les jours de fête, on ne soupçonne même plus leur existence : ils s'habillent.

III

Le pavé de Chiaja est une véritable lanterne magique. Rien n'égale la variété des scènes qui s'y succèdent. Ici, c'est une confrérie au lugubre appareil dont les membres revêtus de la cagoule blanche ou noire portent un mort à sa dernière demeure. A peine a-t-elle défilé, qu'il se forme des groupes autour de danseurs turcs et chinois, dont l'entrain et la gaieté étourdissante contrastent avec l'aspect funèbre du convoi de tout à l'heure. Mais voici la danse qui s'interrompt brusquement. Une clochette se fait entendre, c'est celle du saint sacrement. Deux hommes accoutrés de longues robes rouges marchent devant le prêtre; ils semblent prendre leur part d'une réjouissance plutôt qu'assister à une triste cérémonie. Tout mouvement cesse autour d'eux; les assistants se découvrent et tombent à genoux; les voitures s'arrêtent, beaucoup de personnes en descendent pour s'agenouiller aussi sur les dalles. Les soldats du poste le plus rapproché et quelques gens du peuple se joignent au nouveau cortége qui passe, laissant la place à un petit théâtre ambulant annoncé par le cri particulier du Polichinelle napolitain, personnage criard et fanfaron. Ces changements à vue s'accomplissent au milieu d'une foule bariolée, mendiants en haillons, galériens vêtus de rouge ou de jaune, soldats qui semblent être, non les gardiens, mais les camarades des forçats, prêtres et moines de tous ordres et de toutes couleurs, bénédictins, chartreux, capucins et *tutti quanti*, le tout brochant sur un fond de lazzaroni qui fourmillent et semblent sortir de terre. Les rapides coricoli fendent ce flot vivant sans aucune précaution et ne cèdent le pas qu'à la voiture des morts, toute dorée et empanachée, que son apparence et ses allures feraient prendre pour un carrosse de gala. Mêlez à tout cela les marchands d'orange, les zampognatori jouant devant la madone, les amazones et les cavaliers, les troupeaux de chèvres et de vaches, les ânes pliant sous le faix qui semblent les seuls êtres occupés et raisonnables, les légères citadines qui s'élancent sur l'étranger fraîchement débarqué et le serrent contre les murs pour lui prouver la nécessité d'aller en voiture, vous aurez le plus étrange pêle-mêle de choses et de gens, une débauche de couleurs et d'ombres, de cris stridents et de vagues rumeurs, une fête pittoresquement bigarrée, une ébouriffante arlequinade. Tableau bien différent, et pourtant bien rapproché de celui que j'essayais de décrire tout à l'heure. C'est ainsi en Italie ; le beau et le grand y coudoient le vulgaire et le trivial.

Dans l'après-midi, les scènes et l'agitation populaires font place au mouvement et au fracas des équipages. Le *Corso* commence à trois heures ; il est obligatoire pour quiconque se respecte. J'ai vu mainte dame préférer aux paisibles et radieuses perspectives de Pausilippe le bruit assourdissant et la poussière intense de cette espèce de course au clocher. Dans cette exhibition de la société, on ne peut se montrer à pied sans être sérieusement compromis. Les femmes surtout sont condamnées par l'usage à ne sortir qu'en voiture. Lorsque quelque *disgrazia* de fortune ne leur permet pas de posséder d'équipage, elles vont seulement à l'église, où elles se font accompagner d'un laquais de louage, affublé de l'antique livrée. Jadis certains maris l'endossaient, se flattant de n'être pas reconnus; mais on en voit moins aujourd'hui qui poussent l'économie jusqu'à sacrifier ainsi leur orgueil à leur vanité.

Rien ne saurait donner l'idée du despotisme de Chiaja. S'y montrer est le premier devoir, la plus importante occupation des gens de bonne compagnie. Le prétexte est de voir, le but est d'être vu.

Il suffit d'y manquer un seul jour pour que l'on vous croie mort ou ruiné. Les femmes sont très-nombreuses au Corso; le premier coup d'œil ne leur est pas toujours favorable; mais on ne tarde pas à trouver aimables ces visages expressifs sans affectation et gracieux sans coquetterie. Pendant ces heures de rapide promenade, l'affluence des équipages, le train et l'air magnifique de beaucoup d'entre eux, la richesse et la variété des toilettes, tout contribue à donner à Chiaja l'extérieur vivant et animé des Champs-

Élysées. Malheureusement, tout cela, c'est le mouvement et non pas la vie. Une existence machinale, que n'ennoblissent ni les spéculations de l'esprit, ni les préoccupations d'un avenir politique, est-elle faite pour contenter un peuple généreux? Les étrangers ne peuvent que gémir en comparant ce qu'il est à ce qu'il pourrait être.

DE L'ART A NAPLES

DE L'ART A NAPLES

I

Dans la relation d'un voyage que le prince de Condé fit à Naples en 1625, le lecteur est fatigué de la naïve admiration de ce grand seigneur peu lettré. Les mots *beau* et *belle* y sont répétés pour ainsi dire à chaque phrase ; il y a même telle ligne où ils reviennent deux ou trois fois. Cette monotonie est presque une condition du sujet. L'emploi continuel de cette épithète répond assez bien à l'impression d'un voyage en

Italie et spécialement à Naples. En aucun pays la nature n'a répandu avec plus de profusion les dons capables de faire naître et de stimuler le goût et la passion des arts. Nulle part le paysage ne présente plus de richesse et plus de grâce dans les lignes et les couleurs ; nulle part la race humaine n'offre des types d'une beauté plus accomplie que ceux qu'on rencontre, sinon à Naples même, du moins dans les environs. Et cependant les arts ne s'y sont point élevés au degré de splendeur qu'ils ont atteint dans d'autres villes d'Italie moins favorisée par la nature. Chose étrange ! Naples, où rien ne ressemble à ce qu'on voit ailleurs, n'a pas, en peinture, produit d'école proprement dite. Elle a sans doute donné le jour à un très-grand nombre d'artistes, dont plusieurs de premier ordre; mais, à l'exception de Salvator Rosa, aucun d'eux ne s'est distingué par un style original.

On sait que « la culture des arts était beaucoup plus ancienne à Naples qu'à Rome; on prétend même que le dessin s'était perfectionné à Naples et en Sicile longtemps avant de l'être à Athènes. Mais, si, dans l'antiquité et même jusqu'au xiiᵉ siècle, Naples fut supérieure à tout le reste de l'Italie dans la culture des beaux-arts, elle perdit cette prééminence à dater de la renaissance, et, une fois l'art arrivé à sa perfection au xviᵉ siècle, le mérite de l'école napolitaine ne fut plus qu'un mérite d'emprunt(1). »

A l'époque de la renaissance, les dispositions particulières de l'esprit napolitain firent tomber cette école dans un dévergondage plus effréné encore que celui de l'école romaine. Elle dépassa en imagination érotique et mythologique les artistes qui se plaisaient à peindre au Vatican le pape Alexandre VI prosterné aux pieds de Julie Farnèse, sous prétexte de lui faire adorer la Vierge; ou Cupidon dirigeant ses flèches empoisonnées contre le cœur de sainte Agnès en extase.

Aujourd'hui, l'école napolitaine est rentrée

(1) Coindet.

dans l'observation des convenances. Seul, un bon moine de Salerne a conservé les anciennes traditions : il peint alternativement la madone et Psyché ; l'une, dit-il, par devoir ; l'autre par plaisir.

Aussi bien Naples n'est qu'un immense musée dont les richesses ont été jetées pêle-mêle dans toutes les parties de cette grande cité. Tout y étant à vendre, cette mine d'objets d'art et de curiosités a été largement exploitée par les spéculateurs et par les étrangers. Beaucoup de ceux-ci tiennent à rapporter quelques chefs-d'œuvre pour prouver à leurs compatriotes qu'ils n'ont pas perdu leur temps en allant visiter la patrie des beaux-arts, et qu'ils y sont devenus des connaisseurs distingués. L'invasion des Américains a été, dans ces dernières années, une fortune pour le pays. On a pas idée du nombre prodigieux de Salvator Rosa, de Guido Reni, de Carrache, de l'Espagnoletto, et même de Raphaël, consommés par ces nouveaux et inexpérimentés amateurs, qui payent un tableau non d'après son mérite artistique, mais d'après ses dimensions. Ils ont contribué pour leur bonne part au développement d'une industrie déjà prospère à Naples, industrie qui consiste à métamorphoser des croûtes enfumées en tableaux de grands maîtres. Ce sont les toiles qui, par leur double aspect de splendide fraîcheur et de vieillesse authentique, séduisent le plus les ingrats petits-fils d'Albion.

Quoi qu'il en soit, il reste à Naples assez de vrais chefs-d'œuvre pour défrayer des promenades artistiques répétées. Elles ont d'autant plus de charme, que, pour se procurer ce plaisir à la fois personnel et désintéressé qui flatte nos sens et satisfait nos facultés les plus élevées, il faut en quelque sorte aller à la chasse aux objets d'art. Partout, les productions du génie nous attirent et nous captivent; à Naples, la magnificence du ciel, le *far-niente* des habitants, l'aménité, l'extrême obligeance de tous ceux auxquels on s'adresse, leur goût naturel quoique altéré par l'ignorance, tout contribue à rendre cet attrait irrésistible. Dans cette atmosphère sereine, on éprouve un véritable soulagement intellectuel. Les questions irritantes, les débats politiques et les intérêts privés s'oublient ou cèdent le pas aux impressions et aux jouissances que procure l'étude des chefs-d'œuvre.

L'Italie se réfugie partout dans son passé ; c'est avec juste raison qu'elle le fait, surtout quand il s'agit des arts, à qui l'air de la servitude a été mortel. L'abâtardissement de la société actuelle a éteint le sentiment du beau, qui eut jadis tant de puissance dans ce pays, et qui jettera un nouvel éclat dès qu'on en approchera le flambeau de la liberté.

La grande époque de l'art est représentée à Naples par plusieurs galeries et par un grand nombre de tableaux dispersés dans les églises et les maisons particulières. Le palais Bourbon, tout d'abord, attire le voyageur pressé de contempler les merveilles du Titien, du Corrége, des Carrache, de Raphaël et de tant d'autres maîtres. Qu'il me suffise de citer le portrait du chevalier Tibaldeo par Raphaël, le modèle le plus achevé et le plus parfait du genre; celui de Paul III Farnèse, par le Titien, admirable ébauche où se révèle toute l'habileté de l'artiste; une toile de Parmigianino représentant Christophe Colomb. C'est un des vingt portraits de l'illustre Génois, parmi lesquels il n'y en a pas deux qui se ressemblent. J'ai vu celui que l'on conserve à Cogoleto et qui passe pour le plus authentique. Colomb y est peint sous les traits d'un gros moine aussi sot que bourru. Chez Parmigianino, il a l'air d'un gentilhomme espagnol beaucoup plus préoccupé de sa barbe et de son pourpoint que de la découverte d'un nouveau monde. Il tient dans sa main une large pièce d'or, présage et emblème des richesses californiennes.

La Madeleine du Guerchin et celle du Titien offrent des contrastes intéressants. La première est d'une rare distinction; elle réfléchit à ses fautes, elle ne s'en repent pas encore. L'autre aspire au ciel; la passion est bien rendue; mais, dans l'expression du remords, il y a plus de pantomime que de profondeur.

Dans le mariage mystique de sainte Catherine d'Alexandrie, Corrége a prouvé, comme Raphaël dans sa *Vision d'Ézéchiel*, qu'il est facile au génie de renfermer un grand tableau dans un cadre très-restreint. Je ne puis résister au désir de reproduire ici quelques-unes des réflexions inspirées par cette toile à un écrivain qui a fait preuve d'autant de goût et de sentiment dans ses études sur les arts que de noblesse et d'élévation dans ses appréciations historiques.

« Ce n'est pas l'Amour enfant que les peintres ont donné à Psyché pour époux, c'est toujours le Christ enfant qu'ils ont représenté mettant au doigt de sainte Catherine l'anneau divin, gage de leur union. Rien cependant, dans le récit de l'évêque Sacolo, historien de Catherine, ne les empêchait de choisir une autre époque de la vie du Christ. Ils auraient pu le montrer un peu au-dessus de l'âge où il parut dans le temple au milieu des docteurs étonnés de sa beauté autant que de sa sagesse; et cette divine adolescence, s'unissant, sous les auspices d'un mère, à la pureté virginale, eût offert sans doute le plus gracieux tableau que l'imagination fût capable de concevoir; ils auraient pu le représenter dans sa gloire, tel qu'il est assis auprès du trône de son père, et, à la prière de Marie, abaissant ses regards sur son humble épouse. Telle paraît avoir été l'idée du légendaire; mais le génie des peintres les a mieux inspirés : ils ont senti que, dans un pareil sujet, la condition la plus nécessaire était d'écarter tout ce qui pouvait arrêter l'esprit sur une union terrestre; et l'enfance du Christ a conservé à l'amour de Catherine tout ce qu'il a de mystique, en lui laissant son caractère indéterminé entre l'impression causée par l'objet sensible et le désir d'une possession purement intellectuelle.

» Dans le charmant tableau du Corrége, l'expression des traits de la jeune fille est celle d'une dévotion ingénue. Quoique le tableau ne représente que la partie supérieure de sa figure, on juge qu'elle est agenouillée devant la Vierge ; celle-ci, assise, tient son fils sur ses genoux. Les yeux de Catherine, timidement baissés, se fixent sur la main de l'enfant, qui, de l'air d'une attention enfantine, tient le doigt de la jeune fille, très-occupé d'y placer l'anneau. » Le regard de l'enfant a une expression céleste, il renferme à la fois l'ingénuité de l'enfance et une profondeur qui étonne et captive. Ceux qui l'ont contemplé ne l'oublient jamais.

Parmi les galeries particulières, celle du prince Fondi occupe un rang distingué. J'y ai remarqué une petite *Sainte Famille* attribuée à Raphaël, mais dont la provenance n'est pas très-authentique ; elle possède cependant ce coloris inimitable du grand maître, qui semble être un rayon de soleil condensé. Il y a, dans tous les personnages, beaucoup de mouvement et de naturel rendu avec la plus gracieuse liberté de pinceau. Plusieurs tableaux flamands d'un fini très-précieux méritent une mention spéciale, ainsi qu'un intérieur du Canalletto, une des rares toiles de ce maître où il ait renoncé à ses éternels canaux. Les peintres napolitains Giordano et Solimène ont ici plusieurs toiles intéressantes. On y remarque de l'exagération et de l'enflure, mais aussi l'habile disposition et la richesse des couleurs qui caractérisent cette école. Chez les maîtres qui l'ont illustrée, les défauts sont presque toujours compensés par des qualités capables d'éblouir les yeux et de séduire l'observateur par ce côté vrai de leur talent.

II

La galerie Ottajano de Médici n'est pas de tous points digne du grand nom qu'elle porte. Cependant elle possède des œuvres de prix, parmi lesquelles on distingue deux portraits de famille, celui de Catherine de Médicis, au regard à la fois fascinateur et perfide, et celui de Marie, dont la physionomie douce et ingénue contraste avec celle de son implacable parente. Près d'elles, on a placé le portrait de l'inventeur de la poudre, moine à l'air intelligent et profondément triste. Il semble prévoir tout le mal que sa découverte va faire au monde. Voici de plus une des rares productions du pinceau de Michel-Ange. Plusieurs personnages aux traits fortement accentués examinent un buste ; une figure sardonique placée au second plan, et qui n'est autre que celle du maître, paraît indiquer, dans le marbre, un défaut qui échappe aux autres investigateurs : orgueilleuse modestie d'artiste. Divers auteurs, qui ne reconnaissent l'illustre Florentin que dans la *Sainte Famille* de la Tribune et les *Parques* du palais Pitti, contestent l'authenticité de ce tableau. Leurs adversaires pourraient alléguer, à l'appui de leur opinion, que sur le revers de la toile se trouve une étude qu'on prendrait pour un lambeau détaché du *Jugement dernier*.

J'ai admiré un *Portement de croix* de Raphaël, sans en être complétement satisfait. Si Raphaël, dans ses têtes de madones et de saints, atteint les limites du sublime et de l'idéal religieux, il reste au-dessous de lui-même dans ses têtes de Christ. Apparemment qu'aucun art humain ne saurait rendre la perfection dont notre imagination revêt ce type céleste. Seul, Léonard de Vinci a eu la gloire d'en approcher.

Le prince del Cassaro, ministre intègre, l'érudition et la bienveillance personnifiées, a formé une remarquable collection de tableaux. Celui qui frappe le plus les visiteurs est un *Saint François en extase*, de Ribera. L'ascétisme a creusé le visage du saint, et ses aspirations sont si impétueuses, que son extase inspire une sorte d'effroi.

Le palais Santangelo offre tout un musée aux études de l'artiste et de l'archéologue. Il renferme à la fois une des plus riches collections de médailles, un grand nombre de vases grecs et étrusques, aussi précieux par leur rareté que par leur parfaite conservation, une bibliothèque et des autographes d'une très-haute importance. Parmi ces derniers, j'ai remarqué les lettres relatives à l'histoire de Naples, laissées par Napoléon 1er au général Montholon. Dans l'une d'elles, Murat supplie son auguste beau-frère de lui octroyer la couronne de Naples de préférence à celle de Portugal. Dans une autre, écrite après sa disgrâce, il lui demande un commandement dans la grande armée. Quelques lettres de la reine Marie-Amélie, antérieures à son mariage avec le duc d'Orléans, témoignent déjà de cette élévation de sentiment et de cette grandeur d'âme dont elle a depuis donné tant de preuves.

Dans ce même palais se trouve aussi une galerie de tableaux dont la plupart sont des chefs-d'œuvre. C'est sous ce toit privilégié que j'ai passé les heures les plus douces, attiré plus encore par l'esprit et la parfaite amabilité du maître de la maison que par le spectacle de tant de merveilles.

Un jour, je me rendis chez le chevalier S***; c'était le lendemain du tremblement de terre. En l'abordant, je fus surpris de la joyeuse expression de son visage.

« Comment! lui dis-je, vous ne partagez pas la consternation générale? Savez-vous qu'on porte à trente mille le nombre des victimes du cataclysme?

— Oui, me répondit-il, tout cela est navrant; je m'en affligerai plus tard; pour le moment, je suis tout entier à la joie de voir ma galerie intacte parmi tant de débris. »

Ce n'est qu'avec cet intrépide amour et cet insensibilité de collectionneur qu'on fait de grandes choses en ce monde.

En parcourant la galerie, on s'arrête volontiers devant une *Assomption* de Luca Giordano, où brillent ces belles qualités de coloris et d'expression par lesquelles cet artiste a su arrêter un instant la peinture sur la pente rapide de la décadence ; un *Portement de croix* du Calabrèse contraste avec le tableau précédent par la dureté des traits et l'étrangeté des attitudes. Notre Delacroix a pris quelques-uns des défauts de ce maitre ; comme lui, il a des agencements, des superpositions de personnages et des couleurs impossibles.

Van Dyck est représenté ici par un de ses chefs-d'œuvre : *la Descente au Tombeau*, admirable et savante étude de la mort, dont le seul défaut est de pouvoir s'appliquer à un supplicié vulgaire.

Une *Sainte Famille* dü Ghirlandajo, qui semblerait devoir être attribuée avec plus de raison à Boticelli, est une rareté précieuse. Cette composition est encore un peu entachée de la roideur du style conventionnel; mais l'expression et la pureté idéale des traits annoncent l'affranchissement prochain de l'art. Près de ce grand tableau de Ghirlandajo, j'ai remarqué, avec un vif intérêt, un petit cadre de Michel-Ange, l'élève qui avait si promptement dépassé le maître. C'est une esquisse du *Jugement dernier* peinte dans une gamme en clair-obscur. Il est curieux de pouvoir étudier dans une dimension si réduite une œuvre si colossale. Une autre *Sainte Famille* à laquelle Raphaël n'a pas travaillé seul offre aux critiques une mine inépuisable de théories savantes et d'orageuses discussions. Les profanes admirent et se taisent.

Le nombre des tableaux représentant la Sainte Famille est vraiment prodigieux. Aucun sujet n'a plus souvent exercé le pinceau des artistes. Aussi n'en est-il pas qui soit à la fois plus simple et plus riche, puisqu'il réunit une belle femme, un bel enfant et un beau vieillard.

Je ne dois pas oublier de noter plusieurs toiles de Salvator Rosa, œuvres de premier ordre. On y retrouve ces tons un peu lugubres, si bien appropiés à son imagination désordonnée et à sa sauvage énergie. Un de ces tableaux représente une scène de la révolte de Masaniello. L'auteur s'est peint lui-même sous les habits éclatants d'un des cavaliers compagnons de

Gennaro Annese. On s'étonne de trouver à Naples si peu de tableaux du plus grand maître que cette ville ait produit. Ils y sont bien moins nombreux qu'à Florence et surtout qu'à Londres. Le gouvernement aurait dû mettre son orgueil à le faire figurer avec honneur au musée Bourbon. Peut-être deux siècles n'ont-ils pas suffi à faire oublier que ce grand homme était un incorrigible révolutionnaire.

J'aurais voulu citer encore plusieurs galeries remarquables, parler des admirables fresques de Giotto, de Zingaro et de tant d'autres; mais je craindrais de me laisser entraîner trop loin. Me réservant de revenir plus tard sur ce sujet, je me bornerai à dire quelques mots de l'état actuel des beaux-arts à Naples et à examiner brièvement la nature et les effets de l'influence qu'exercent sur eux la société et le gouvernement.

III

Après avoir brillé d'un vif éclat, puis traversé une longue époque de décadence signalée par des conceptions excentriques et de mauvais goût que ne rachetait même pas le talent d'exécution, les arts du dessin en sont revenus à une honnête médiocrité. L'école actuelle vit sur la réputation de Camucini, Landi, Benvenuti, dont les principales productions ont été réunies dans le palais de Capodimonte. Dans les mêmes salons, on a placé les œuvres de leurs disciples et successeurs Oliva, de Vivo, Guerra, etc., sans doute pour que les visiteurs puissent constater plus aisément que l'école de Camucini, déjà sur son déclin, n'a aucune chance de se relever. Ce n'est pas que l'habileté technique manque à ces peintres; mais l'initiative et l'inspiration leur font totalement défaut. Cette impuissance se trahit par le choix des sujets qui tourne sans cesse dans le cercle de l'antiquité païenne. Partout elle est célébrée. On ne voit que ses dieux, ses sages et ses guerriers, tous personnages tant soit peu en dehors des préoccupations de notre temps. Quelques scènes tirées de l'histoire biblique viennent pourtant de loin en loin se mêler aux héros et aux divinités de la Grèce ou de Rome.

Depuis quelques années, le haut style est revenu à son ancienne prédilection pour la peinture religieuse; il se plaît à reproduire les mystères de la foi, les apothéoses des saints, les miracles plus ou moins apocryphes, et les processions qui motivent l'emploi des couleurs les plus éclatantes. Tous ces sujets sont en harmonie avec les vues particulières du roi et les tendances matérielles et sensualistes du peuple.

A Naples, de tous les peintres contemporains,

le professeur Mancinelli est le plus renommé.
Il a mérité cette prééminence par un talent sérieux et une remarquable maturité d'intelligence.
J'ai vu de lui quelques bons tableaux et, entre
autres, une *Assomption de la Vierge* qui, sans
l'exagération du coloris, serait un chef-d'œuvre.
Guerra ne laisse pas d'être aussi un artiste de
mérite, mais il affectionne les fonds criards et
les traits anguleux. Ces défauts ne sont nulle
part plus apparents que dans les fresques du
dôme de Saint-Philippe de Neri, étrange enchevêtrement de bras et de jambes, inquiétant pour
le fidèle qui porte son regard vers le ciel. Le
style de Raphaël Postillone est plus raisonnable
et plus sobre.

IV

Quant aux paysagistes, ils tendent tous les jours davantage vers les erreurs du réalisme, d'autant plus coupables en cela qu'ils n'ont pas pour eux l'excuse de l'originalité. Pressés d'imiter l'école française, les Courbets de Naples n'ont tenu aucun compte des circonstances locales et du génie individuel. Ils produisent force paysages où ils donnent aux environs de Naples l'aspect des campagnes verdoyantes et brumeuses de la Normandie ou de la Hollande.

L'azur du ciel napolitain et la fluidité nacrée de l'atmosphère sont remplacés par le petit gris perlé des rives scandinaves, de telle sorte que l'étranger curieux d'emporter un souvenir vrai du pays, se voit réduit à acheter de ces pauvres gouaches qu'on trouve à la Villa-Reale ou aux alentours du Palais-Bourbon et qui, du moins, ont le mérite de la couleur locale.

Pitloo, longtemps professeur de paysage à l'Académie, avait puisé dans son vif amour de la nature un talent qui faisait bon marché des règles.

La noblesse et l'élévation lui faisaient souvent défaut; mais toutes ses œuvres respiraient la grâce et la sensibilité, et sa palette possédait les tons chauds et harmonieux tout ensemble qui sont le charme de la nature napolitaine.

Gabriel Smargiassi, son élève et son successeur à l'Académie, s'est efforcé de continuer ses bonnes traditions. Il est doué d'une habileté incontestable et travaille d'après ce système que rien de bon ne saurait se produire en dehors de la consciencieuse étude de la nature; mais il a de moins que son maître le sentiment de l'harmonie et la science des couleurs. Son compagnon d'études, Gigante, si remarquable dans ses gouaches, est souvent au-dessous du médiocre dans ses tableaux.

Franceschini se distingue par la manière patiente et délicate dont il brode le manteau végétal et découpe le feuillage de ces riches campagnes.

Gonzalvo Carelli est né à Arenella, près de Naples, dans une maison jadis habitée par Salvator Rosa. En héritant de la demeure de son grand prédécesseur, il avait hérité aussi de la précocité de son talent et de sa hardiesse dans l'imitation de la nature. Mais là se sont bornés ses priviléges. Son talent n'a pas survécu à sa jeunesse. Toutefois, il a su acquérir et possède encore, à un haut degré, l'entente du pittoresque. Si sa palette avait le charme de ses grisailles ou de ses crayons, il serait le premier peintre de Naples. A ces artistes, je pourrais ajouter Fergola, les frères Palizzi et quelques autres, mais ce ne serait qu'une sèche nomenclature qui aboutirait promptement à la médiocrité signalée au début de cet article.

V

L'influence du roi sur les arts, durant ces vingt dernières années, a été considérable. On ne peut dire, dans le sens élevé du mot, qu'il s'en soit montré le protecteur, puisque sa sollicitude pour eux n'a été ni généreuse, ni suffisamment éclairée. Ce n'est pas qu'il témoigne de l'éloignement ou du mépris pour les artistes ; mais il ne les encourage pas, et les paye encore moins. Il commande assez volontiers à des peintres de deuxième ordre des compositions religieuses pour des églises de campagne, où elles alarment la conscience tout en excitant la reconnaissante admiration des spectateurs rustiques. Au commencement de son règne, il montrait plus de munificence, sinon plus de goût personnel, comme le prouvent les salons de Capodimonte et du Palais-Royal. Récemment, on a voulu fonder sous le patronage du comte de Syracuse une société d'encouragement pour les arts; Ferdinand refusa net son consentement, sous prétexte que les lois de l'université contenaient en principe tous les éléments d'émulation et de progrès. L'Académie royale renferme, en effet, un comité des beaux-arts. On eut beau prouver au roi que ce comité, dit d'encouragement, n'encourageait rien, et que la loi n'était qu'une lettre morte; il fut impossible de le faire revenir sur sa décision. Il restait, il est vrai, aux hommes de bonne volonté la ressource de donner la vie à ces dispositions légales jusque-là inutiles, mais personne n'en eut l'idée, et les artistes, privés d'une association qui doublerait leurs forces, ont dû se résigner pour longtemps encore à l'abandon et à l'isolement.

VI

Les princes, frères du roi, sont des hommes de goût, mais ils n'ont pas d'initiative. Seul, le comte de Syracuse se montre digne de la position qu'il occupe. Artiste lui-même, le statuaire prince est en même temps le prince des statuaires de la capitale. Il aurait probablement plus de talent encore s'il était permis de lui dire la vérité; mais, comme, en héritant du nom de ce tyran de Syracuse qui envoyait aux carrières les détracteurs de son génie, le comte n'a hérité ni de ses droits exorbitants ni de son amour-propre trop irritable, il serait malséant de lui adresser des critiques que son extrême bienveillance rendrait peu dangereuses pour leur auteur. Exclu de toute participation directe aux affaires de l'État, il consacre ses loisirs à la culture des beaux-arts. Ses salons sont un atelier où se donne rendez-vous tout ce que Naples possède d'hommes distingués. Ses galeries sont remplies d'objets d'art et surtout de charmants groupes en marbre, généralement bien réussis, mais où cependant il y a bien quelque chose à redire.

On se rappelle la réponse du duc de Grammont au roi Louis XIV : « Sire, Votre Majesté est puissante, elle peut faire tout ce qu'elle veut, même de mauvais vers. » Aussi trouvera-t-on naturel qu'un descendant du grand roi se permette quelques excentricités de dessin, excentricités qu'on lui pardonne facilement, d'ailleurs, certaines de ses œuvres étant aussi remarquables par la grâce et la noblesse de la composition, que par une pureté de lignes qu'on regrette de ne pas trouver chez toutes. Parmi les statues, je remarquai une Sapho gravissant son rocher, sa lyre à la main et les yeux levés vers le ciel.

Un souffle poétique semble passer sur ses lèvres, et le mouvement rapide et passionné qui l'emporte est vivement exprimé. Sa physionomie ne révèle aucune angoisse. Le désespoir du poëte ressemble au bonheur inspiré. Une bacchante couchée a, dans sa pose, de l'abandon sans affectation ; elle n'a pas trop à souffrir du voisinage dangereux d'une Vénus de Canova.

Dans l'atelier du prince, des œuvres plus sérieuses attirent l'attention des visiteurs. L'une d'elles est consacrée à une des gloires du pays. C'est la statue du célèbre Vico. Sur le front du grand penseur rayonne la conviction. Il semble s'étonner de ce que les nobles germes jetés par lui sur le sol de sa patrie n'aient pas encore fructifié. Le frère de Ferdinand II a l'intention d'inscrire sur le piédestal tous les noms des philosophes et des réformateurs italiens. Ira-t-il jusqu'à Mazzini ?

C'est une belle et profonde inspiration religieuse que celle qui a donné naissance au groupe du *Christ Rédempteur rompant les liens de l'es-*

clave. La noble domination du pouvoir moral sur la force brutale est exprimée avec un admirable talent.

Quelques bustes gracieusement modelés méritent aussi une mention spéciale; l'un d'eux représente mademoiselle d'O***, jeune personne douée d'une beauté rare, et qui mourut à la suite d'une fête. On l'ensevelit dans sa robe de bal, et, sous cette parure mondaine, elle était encore si belle, que personne ne se sentait le courage de la porter à sa dernière demeure.

A l'atelier se trouve annexé un théâtre, où les plus jolies duchesses de Naples, et les plus spirituelles, viennent chanter l'opéra et jouer la comédie devant une brillante compagnie, qui déserte la cour pour venir chez le comte. Le gouvernement accuse celui-ci de tendances démocratiques. A défaut d'autres mérites, cela suffirait pour attirer autour de lui toute la noblesse du royaume, non que cette noblesse soit le moins du monde démocrate, tant s'en faut; mais parce qu'il est commode et de bon ton, parce qu'on trouve piquant de se donner, sans le moindre danger, les allures d'une opposition frondeuse et de blâmer le paternel mécontentement du roi chez celui qui en est le principal objet. On sait, d'ailleurs, ce que vaut le libéralisme des princes.

Les conversations séditieuses sont un plaisir dont on est privé dans les pays libres. Ici, on se donne ce plaisir dans les salons, et même sur la scène, où l'on se permet de faire l'éloge, de certains héros patriotes du xive et du xve siècle. Le rideau même du théâtre de Son Altesse est séditieux : il représente les Heures, nymphes légères occupées à retenir sur sa base, au moyen de chaînes de fleurs, un dieu Terme chancelant comme un homme ivre. Cette figure n'est-elle point une petite satire contre le système actuel du gouvernement? Quelques personnes ont le courage d'en faire la remarque.

Si le comte de Syracuse contribue de tout son pouvoir à l'agrément et au mouvement de la société, il ne s'applique pas moins, comme on l'a vu tout à l'heure, à encourager les arts. Il reçoit les artistes, discute leurs projets avec sagesse et méthode; mais ses bonnes intentions sont le plus souvent paralysées par l'inertie du gouvernement, et, s'il faut le dire aussi, par celle de la société même, qui sur tous les autres points répond si volontiers à son appel. Il semblerait que la noblesse, qui ne jouit ni de la faveur royale ni de la faveur populaire et qui est à la fois rejetée par le despotisme et par la révolution, dût s'estimer heureuse de trouver dans la culture des arts une ressource contre l'ennui; mais elle consacre peu de ses loisirs forcés à ces nobles jouissances; elle cherche trop à s'étourdir dans la poursuite des plaisirs et les occupations frivoles.

Les honorables et nombreuses exceptions que j'ai signalées ne font que mieux ressortir les défaillances du goût et des tendances artistiques d'une société plus soucieuse de trouver des acquéreurs pour ses tableaux et ses statues que de les étudier et d'en jouir.

Là même où les arts, comme toutes les grandes manifestations de la pensée humaine, auraient pu se développer avec le plus d'éclat, la servitude a marqué de sa mortelle empreinte les caractères comme les consciences, les esprits comme les conditions, la littérature comme les arts.

DE LA SERVITUDE

ET DE

L'AFFRANCHISSEMENT DE L'ITALIE

DE LA SERVITUDE

ET DE

L'AFFRANCHISSEMENT DE L'ITALIE

I

Du silence de la servitude, l'Italie passe au tumulte des révolutions. Son affranchissement, depuis longtemps l'aspiration dominante de la plupart des partis politiques qui s'agitent dans la Péninsule, est aujourd'hui l'objet des préoccupations de l'Europe entière. Quelques-uns de ces partis se seraient contentés d'un timide acheminement vers la liberté; les autres, et c'est l'immense majorité, appellent de tous leurs vœux une violente commotion révolutionnaire, et n'ont reculé devant aucun des moyens propres à la provoquer. Si les patriotes italiens n'ont pu réussir jusqu'à ce jour, s'ils n'ont fait couler le sang qu'au profit du despotisme, et non au profit de la liberté, c'est que le fatal aveuglement que Dante signalait déjà chez ses contemporains est demeuré leur partage. Et pourtant les Italiens sont habiles; hommes d'action au besoin, ils savent aussi s'abstenir et calculer les forces nécessaires au succès; mais les questions de nationalité les ont toujours jetés dans cette sorte d'exaltation qui compromet le succès des meilleures causes. Au lieu de s'en prendre à eux-mêmes, ils ne savent qu'accuser leurs princes et l'Autriche. Que demandent-ils, en effet? A être affranchis du joug étranger. Mais que ne commencent-ils plutôt à secouer le joug de leur mauvaise foi, de leur mobilité passionnée qui les pousse toujours vers les folles exagérations, des défiances et des haines invétérées de province à province, de ville à ville et d'individu à individu, causes premières de la profonde division de l'Italie, et, par conséquent, de sa servitude séculaire.

Ce n'est que lorsque les Italiens auront compris la valeur du mot patriotisme et les sacrifices qu'il impose, lorsqu'ils seront persuadés qu'ils ne peuvent affranchir leur pays qu'en subordonnant leurs intérêts particuliers à ceux de l'unité nationale, lorsque, par leur retour à une vertu éprouvée ils auront fait leur noviciat de liberté, c'est alors, dis-je, mais seulement alors, que l'Italie sera mûre pour l'indépendance.

Mais, hélas! qu'il y a loin de la réalité à cette séduisante perspective, et combien tous les amis de cette noble contrée doivent craindre de ne pas voir de longtemps s'effacer ces tristes paroles que depuis tant de siècles l'Italie porte gravées sur son front :

Servir sempre, o vincitrice, o vinta!

Quels sont les moyens les plus propres à remédier aux fatales conditions faites à l'Italie? Tel est le problème sans cesse posé et non encore résolu.

En ce qui concerne Naples spécialement, on ne saurait douter que le climat n'ait contribué à amollir et à dégrader les mœurs. Pour se rendre compte de ses propriétés énervantes, il suffit de l'avoir habité pendant quelque temps. Jusqu'à un certain point, la race façonne l'individu et le pays façonne la race. On a beau se révolter contre ces nécessités, contre cette perpétuité de vice et d'indolence, si rarement démenties par l'histoire, il est impossible dans ces régions de n'en pas reconnaitre la réalité! Le climat de l'Italie est, il est vrai, celui des anciens Romains; le climat du royaume de Naples est celui dans lequel se rendirent célèbres les Samnites, les Sicules, les Normands; mais ces grands souvenirs ne mettent que mieux en relief la dégénération de ces races guerrières et courageuses devenues des races efféminées et sans énergie. De là les invasions fréquentes et faciles ; de là les révolutions, les corruptions de tous genres, effet d'abord et causes naturelles ensuite. Aux zones tracées par la nature, semblent correspondre des zones intellectuelles ; dans les temps modernes, à mesure que le soleil s'élève, le niveau moral s'abaisse.

Une seconde cause d'avilissement pour ce pays, c'est la longue servitude dont il a souffert et dont il souffre encore. Elle l'a rendu incapable de toute aspiration généreuse et l'a privé même des notions les plus élémentaires de la liberté et de la responsabilité humaine. Pour donner aux facultés individuelles tout leur ressort et créer des vertus nationales, il faut que chaque homme trouve une large voie où il puisse marcher avec le sentiment de son avenir et de sa dignité. La forme et les traditions du régime en vigueur aujourd'hui ne sont pas faites pour remédier au mal. Aussi, les écrivains qui se sont occupés de l'Italie semblent-ils, en général, voir le salut de ce pays dans l'abolition des institutions actuelles.

A mon sens, on s'exagère singulièrement l'importance de ce spécifique humanitaire et social; et, en effet, ne venons-nous pas d'observer que les institutions napolitaines, bien que portant des fruits empoisonnés, sont excellentes en elles-mêmes? Ne sait-on pas qu'à Rome les modifications apportées depuis la mort de Grégoire XVI dans les rouages du gouvernement pontifical, modifications consistant dans l'accessibilité des laïques aux fonctions administratives et en d'autres mesures plus ou moins libérales, n'ont en aucune façon remédié aux abus engendrés par la vieille et déplorable routine cléricale?

Une révolution serait-elle plus efficace qu'un simple changement dans les institutions? Les douloureuses expériences de 1848 ont prouvé une fois de plus que chaque révolution ne faisait que river plus étroitement les chaines de l'Italie, parce qu'après la crise, les mêmes éléments se retrouvent en présence, plus hostiles et plus impuissants que jamais. Pareils aux fils de Cadmus, qui se dévoraient entre eux, les Italiens ont, plus que les étrangers eux-mêmes, déchiré l'Italie.

Jusqu'ici, les diverses parties de la Péninsule ont montré qu'elles étaient à peine susceptibles d'agrégation et bien moins encore d'assimilation. La division territoriale qui naguère contribua à sa gloire devint bientôt une des causes de sa décadence, et enfin de son asservissement.

De nombreux ouvrages ont été écrits pour prouver un fait qui semble n'avoir pas besoin de démonstration, à savoir que ce pays n'est pas bien organisé politiquement. Le principal argument sur lequel on s'appuie, c'est qu'il ne jouit pas tout entier de la plus importante condition de l'ordre politique, de celle sans laquelle tous les autres biens sont nuls, je veux dire de l'indépendance nationale. L'opinion publique, vivement émue par les événements actuels, semble rendre l'Autriche seule responsable de l'anéantissement de la nationalité italienne, élevant ainsi un drapeau qui rallie tous les partis. On feint d'oublier, ou on oublie réellement que c'est la papauté qui est la cause première, directe ou indirecte, de la perte de cette même nationalité. Pendant plusieurs siècles, l'indépendance de l'Italie parut grandir en raison de la puissance temporelle des papes, parce qu'ils marchaient alors à la tête de la civilisation ; mais, après avoir brillé d'un vif éclat, la nation italienne tomba au dernier rang des peuples chrétiens, quand la papauté, donnant elle-même l'exemple d'une corruption mortelle, perdit toute activité religieuse. L'influence politique de la cour de Rome, qui, sous Grégoire VII, touchait à la domination universelle, devint fatale à l'Italie et fut l'origine de sa propre servitude. Le gouvernement des papes ne s'est-il pas montré, d'ailleurs, le pire des gouvernements ? Bien loin de servir d'appui à la liberté, les principes ecclésiastiques s'y sont toujours montrés contraires. Pie IX, ce pape plus généreux qu'éclairé, n'aurait point consenti à octroyer une constitution à son peuple, s'il avait saisi la portée des concessions auxquelles inclinait son cœur, et l'altération profonde qu'elles devaient apporter aux principes de son gouvernement. Aussi, lorsqu'il eut compris, recula-t-il épouvanté devant son œuvre.

L'Église a sans doute conservé une certaine activité sacerdotale, mais elle a perdu tous les éléments de progrès administratif et politique. Les prêtres n'ont de confiance que dans les prêtres, et l'Église ne se résigne pas volontiers au nouvel état de choses qui l'oblige à se contenter du domaine spirituel et lui interdit d'absorber le domaine civil.

On a émis l'idée de faire du pape le président d'une confédération italienne, de lui conférer une sorte de protectorat sur toute la Péninsule en amoindrissant son pouvoir temporel et en allégeant sa responsabilité politique. Cette sorte de transfiguration de la papauté est-elle réalisable? N'est-ce point là une papauté imaginaire créée pour le besoin d'une cause dont les partisans sentent, plus qu'ils ne se l'avouent, que le principal obstacle à son triomphe est à Rome? Dans la brochure semi-officielle qui a attiré l'attention publique il y a quelques mois, on s'appuie sur l'opinion de l'illustre écrivain piémontais Balbo ; mais on s'est gardé de signaler son avis sur un point important, celui du protectorat du pape. Balbo déclare « que les confédérations sont indubitablement le meilleur moyen de conquérir l'indépendance, seule capable de les maintenir, mais que les papes, puissants auxiliaires d'une pareille entreprise, n'en sauraient être utilement les chefs. »

Où seraient, d'ailleurs, les limites du temporel et du spirituel? Dans la création projetée, l'esprit d'empiétement de la papauté et sa ténacité intempestive ne seraient-ils pas une barrière insurmontable? Ils n'ont réussi jusqu'à ce jour qu'à faire de la bonne cause une cause révolutionnaire et à faire concourir tous les gouvernements italiens à un seul but, l'oppression des intelligences et des caractères. Cette solidarité malfaisante est semblable dans ses effets au vent du midi dont le souffle énerve toute la Péninsule. Dans l'intérêt bien entendu de l'Italie, loin d'étendre le pouvoir temporel des papes, il faudrait le supprimer ; il faudrait qu'il n'y eût à Rome qu'un pontife suprême et non un souverain, car tant que siégera dans la ville éternelle un prêtre-roi, l'Italie ne saurait être affranchie.

II

Les diverses causes que nous venons d'énumérer suffiraient à elles seules pour expliquer l'état actuel de la noble contrée qui nous occupe; il en est une cependant que je n'ai point encore abordée et qui fait mieux comprendre que toutes les autres comment une si profonde et si rapide décadence a pu succéder à un aussi admirable développement de toutes les facultés humaines. Si l'Italie a vu s'évanouir si vite sa suprématie intellectuelle en même temps que son indépendance, c'est parce qu'elle est restée étrangère à la Réforme. Privé de cette force nouvelle, déchiré par des factions politiques ou ecclésiastiques sans foi ni pudeur, incessamment miné par l'égoïsme effréné d'une multitude d'ambitieux et par l'abâtardissement des consciences, œuvre des papes plus encore que celle des princes, ce pays ne fut bientôt plus que l'ombre de lui-même, la *grande ombre*, comme on pourrait l'appeler encore aujourd'hui.

Malgré l'évidence de ces faits, les ennemis du protestantisme ont avancé sur ce point d'étranges raisonnements, celui-ci, par exemple, que j'emprunte à un éminent écrivain déjà cité : « Depuis le commencement du xvi° siècle jusqu'à nous, les trois nations qui s'avancèrent le plus, et qui parvinrent tour à tour à la suprématie, l'obtinrent précisément en raison inverse de la part qu'elles prirent à la Réforme. Ainsi, l'Espagne, qui en fut pure, resta la première ; puis la France ; ensuite l'Angleterre : preuve irrécusable que la Réforme ne vint pas en aide au progrès ; preuve ce me semble, qu'elle fut pour lui une entrave. » Ce raisonnement est spécieux, mais fragile, comme tous les raisonnements inspirés par l'esprit de parti. Dans un chapitre précédent, notre philosophe, défendant la religion contre ses détracteurs, soutenait que, si le christianisme avait mis une si longue suite d'années à faire sentir son influence civilisatrice, c'est qu'il fallait des siècles pour asseoir une prépondérance durable et renouveler l'humanité. Cela est confirmé par les faits. Pourquoi le même raisonnement ne s'appliquerait-il pas à la Réforme ? n'y a-t-il pas dans ces deux phases de l'histoire religieuse une incontestable analogie d'action et de développement ?

Balbo considère, à juste titre, le christianisme comme le plus grand progrès humain, comme le plus puissant propagateur de la civilisation et des lumières; mais, en comparant entre elles les différentes nations chrétiennes et en appréciant l'influence de la Réforme sur chacune de ces nations, il n'envisage la question qu'au point de vue purement intellectuel, oubliant ce qui constitue le fond même de l'homme, sa grandeur morale.

Il est très-vrai que le grand mouvement religieux du xvie siècle n'eut pas pour effet immédiat, en Allemagne et en Angleterre, d'activer le progrès des manifestations les plus brillantes de la pensée ; mais il fit davantage : il régénéra l'homme intérieur, et le préserva de la corruption de l'Italie, qui, en propageant les arts, les sciences et toutes les séductions de sa civilisation si vantée, propageait en même temps le relâchement et la dégradation des mœurs.

L'Espagne, elle, échappa à la Réforme. Elle se mit, pour ainsi dire, à l'école de l'Italie, et en rapporta, avec les merveilles de la renaissance, des germes destructeurs qui se développèrent rapidement. A peine le mal s'était-il déclaré, qu'il était déjà sans remède, et la monarchie de Philippe II, n'ayant pas pour se retremper le souffle vivifiant du protestantisme, ne fit qu'un saut de la virilité à la décrépitude.

Après l'Espagne vient la France, qui, elle aussi, emprunta des lumières de toutes sortes au grand foyer qui rayonnait au delà des Alpes, et, là encore, sous François Ier et ses successeurs, alliés aux Médicis, on vit s'introduire une corruption d'autant plus dangereuse qu'elle se déguisait sous des dehors plus brillants. Si la France ne succomba pas à son tour comme les deux Péninsules, c'est que les doctrines de Calvin passèrent ses frontières. La Réforme n'y domina point, elle y éprouva même de cruelles défaites; mais ses tendances morales et son esprit rénovateur y imprimèrent des traces profondes et durables. Sous son influence, la France est demeurée gallicane et janséniste, quoi qu'en disent les ultramontains de nos jours, qui ne parviendront jamais à étouffer chez nous les semences de libéralisme et de tolérance. Si la condamnation des Madiai ou la séquestration du jeune Israélite Mortara excite leur joie à Rome, en France ces faits ne provoquent que la plus énergique réprobation.

Il est vrai que la culture intellectuelle en Angleterre n'a produit tous ses fruits que plus tard, à une époque qui n'est pas très-éloignée de nous. Mais la précocité est-elle un signe de force, et ce retard, dont se prévalent les détracteurs de la Réforme, ne prouve-t-il pas, au contraire, d'une façon éclatante la puissance spirituelle et durable d'un mouvement religieux qui a progressivement amené un peuple à ce degré d'élévation et de développement universel, tandis que le catholicisme des Borgia et des Médicis laissait retomber l'Italie dans les ténèbres intellectuelles et morales, en même temps qu'il la plongeait dans une humiliante servitude? Ne pouvant nier la supériorité des sociétés protestantes, les ultramontains cherchent à établir que, loin d'être due à la renaissance religieuse, cette supériorité doit être attribuée à l'affaiblissement de son influence sur ces peuples et à l'infiltration nouvelle dans leur sein des tendances catholiques.

Adopter ces conclusions, ce serait vouloir s'armer contre le protestantisme d'arguments puisés dans ses succès mêmes. Ce serait raisonner — ou déraisonner — comme l'a fait un écrivain catholique, M. Nicholas, qui a publié un lourd volume pour prouver que la réformation est la mère du socialisme, du communisme et de toutes les erreurs coupables qui troublent les sociétés modernes. Le moment était assez mal choisi pour émettre cette opinion. On était au lendemain de la révolution de 1848, et, pour faire justice d'un sophisme aussi grossier, il suffisait d'avoir observé en témoin impartial les grands désordres politiques et sociaux de cette époque. On avait pu voir, en effet, que, tandis que l'Autriche, l'Italie, l'Espagne et la France étaient minées par le socialisme, les nations entachées d'hérésie, l'Angleterre, la Prusse, la Hollande, les États-Unis, se maintenaient dans un calme d'autant plus remarquable que les bouleversements des pays voisins semblaient fatalement contagieux. M. Nicholas ne se troubla point pour si peu, et se retrancha bravement derrière l'argument que voici : « Si les nations protestantes, dit-il gravement, ont su conserver leurs institutions et la paix intérieure, cela tenait au reste de catholicisme qu'elles avaient gardé; si les nations catholiques ont été bouleversées, cette explosion ne doit être attribuée qu'aux éléments protestants qu'elles renferment. »

L'illustre Balbo reconnaît bien cependant que les nations hérétiques ont part au trésor de moralité chrétienne, principe de toute civilisation, de toute culture intellectuelle et de tout progrès. Il reconnaît qu'elles ont plus de vertu que la nation italienne. Il accorde une vertu supérieure à l'Angleterre et déclare qu'il l'envisage comme étant chargée de l'apostolat chrétien dans les temps modernes; ce qui ne l'empêche point d'affirmer que, pour parvenir à une si grande situation, elle a suivi un mauvais guide.

L'argumentation de M. Nicholas est nette et concluante pour un ultramontain; mais, malgré tout ce qu'elle a d'irrésistible, je doute que les Italiens y soient très-sensibles. Ils se seraient peut-être résignés sans trop de peine à faire usage d'un instrument de progrès, et à suivre un guide qui les eût conduits lentement mais sûrement à la grandeur, à la vertu et à l'indépendance des nationalités protestantes.

En ce qui les concerne spécialement, il serait plus logique et plus exact de dire avec un de leurs penseurs éminents, Leopardi :

« Pourquoi l'Italie, qui était demeurée tout aussi étrangère à la Réforme que l'Espagne, se laissa-t-elle ravir sa suprématie des siècles antérieurs et tomber dans cet abaissement dont elle n'a pu se relever depuis ? — Parce qu'elle perdit son indépendance. — Mais pourquoi la perdit-elle ? — Parce qu'elle était corrompue. — Or, comment son orthodoxie catholique ne l'avait-elle pas préservée de la corruption ? » Parce que, apparemment, cette orthodoxie, privée des forces vives de la Réforme, était impuissante à lui donner la vertu comme moyen d'indépendance, pas plus que l'indépendance comme moyen de vertu.

Les donneurs de conseils répètent aux Italiens opprimés :

« Que l'indépendance soit votre but, la vertu votre moyen. »

Mais où puiseront-ils cette vertu qu'on leur recommande, sinon dans des croyances plus capables de donner l'essor à l'activité individuelle et publique, aux notions du droit et de la justice, aux inspirations de la morale chrétienne, qui seules peuvent élever et maintenir une nation ? La renaissance religieuse est le *sine qua non* de la renaissance politique.

Les Italiens, dans ces derniers temps, ont compromis souvent, et parfois déshonoré leur cause, en traduisant leurs aspirations les plus légitimes par des folies ou des attentats. Il est à craindre que ces tendances funestes ne fassent avorter toute tentative de rénovation qui se produirait en dehors de l'élément moral et religieux. Toutefois, ce n'est point une raison de désespérer de l'avenir, car ces ardentes passions contiennent plus de germes de vie que l'indifférence et l'engourdissement universels. Elles ont déjà fait naître nombre de courageuses individualités; il reste au peuple à montrer que leurs sacrifices et leurs souffrances n'ont pas été incompris.

Les révolutions et les interventions étrangères ne sont pas les uniques moyens de salut. Elles sont sujettes à inspirer des soupçons et des défiances qui paralysent les plus généreux efforts.

Ce ne sont pas seulement les systèmes ou les hommes au pouvoir qu'il faut changer; il faut transformer l'homme lui-même, le relever de son avilissement, lui procurer les bienfaits d'une éducation libérale et éclairée, et surtout le nourrir de l'esprit du christianisme dégagé des erreurs qui l'obscurcissent ou le dénaturent.

Je ne crains pas de le répéter, il n'y a guère

d'affranchissement possible de l'Italie qu'à condition qu'elle secouera la tutelle sacerdotale et rejettera le billon clérical pour ne conserver que l'or pur de l'Évangile. Je demeure convaincu que ce noble pays, si grand encore dans ses ruines, si riche dans sa pauvreté, où la civilisation moderne a brillé de son premier et de son plus vif éclat, mais qui n'a plus aujourd'hui dans ses veines inertes que le vieux sang papal, je suis convaincu, dis-je, que ce pays ne trouvera que dans la transformation de ses croyances un remède à sa caducité intellectuelle et morale, d'autant plus frappante que les nuages de l'obscurantisme se sont étendus sur un ciel plus lumineux.

Combien de temps durera ce grand travail de rénovation? Dieu seul le sait, car seul il modère ou précipite le cours des événements. Ce qui importe, c'est que les Italiens sachent bien que vers ce but doivent se tourner leurs vœux et leurs efforts. Si longue et si pénible que soit l'épreuve, l'issue n'en saurait être douteuse, car

« les nations chrétiennes peuvent être atteintes de maladie, mais non pas mourir (1). »

(1) Gioberti.

FIN

TABLE DES MATIÈRES

	Pages
Préface.	1
Ferdinand II	15
Institutions.	49
De l'esprit national.	97
Tribunaux, police, prisons.	117
Religion, miracles. — Première partie.	163
Religion, miracles. — Deuxième partie. — Miracle de saint Janvier	185
Fêtes et pratiques religieuses	215
Chiaja.	235
De l'art à Naples	257
De la servitude et de l'affranchissement de l'Italie.	293

FIN DE LA TABLE.

www.ingramcontent.com/pod-product-compliance
Lightning Source LLC
Chambersburg PA
CBHW071256160426
43196CB00009B/1307